당신 안에 있는 위대한

선택

박창규

당신의 인생에서 위대한 선택이 무엇을 의미하는지를 행동으로 실천한 저자는 국내 유일한 육 · 공군 장군 출신이다. 평생을 통하여 체험한 실증적 경험을 바탕으로 현재 한국리더십센터 전문교수, 한국과학기술원 겸직교수로 활동하고 있다.

홍의숙

코칭 포유 마스터 강사. CEO 전문 코치로 활동하고 있으며 현재 ㈜ '인코칭' 대표이사이다. 저서로는 『사장이 직원을 먹여 살릴까, 직원이 사장을 먹여 살릴까』가 있다. Excellence 코칭 칼럼리스트로 활동하고 있다.

（당신 안에 있는 위대한）

선택

The great choice

택

박창규 · 홍의숙 지음

모아북스
MOABOOKS

지금 이 순간까지 수많은 선택을 해온

......................님께

행복한 삶을 위하여

이 책을 드립니다.

......................드림

우리는 원하든 원치 않든 항상 변화하고 있다. 어제의 나와 오늘의 나 사이에는 비록 실낱 같은 거리지만 분명한 차이가 있다. 그렇다면 이 시대의 우리는 어떠한 변화를 원하는가? 중요한 것은 변화하기 위해서 미래도 과거도 아닌 현재를 직시해야 한다는 점이다.

어제와 똑같은 하루는 아무런 의미가 없다. 또한 오늘과 같은 미래도 부질없기는 마찬가지다. 가혹한 반성은 의욕의 씨앗이 되는 한편, 우리의 인생을 허물 속에 가두어버리기 쉽다. 목적 없는 질주는 허무만을 남길 뿐이다.

누구나 때로는 어두운 방에 앉아 곰곰이 생각에 잠겨본 기억이 있을 것이다. 그것은 가장 추상적인 동시에 가장 구체적이기도 한 인간의 삶, 그 존재의 의미를 되씹는 작업이다. 그럴 때 당신은 어디를 바라보고 있는가? 행여 자신의 과오를 채찍질하며 무의미한 눈물을 흘리지는 않았는가?

이 책은 막막한 어둠 속에서 삶을 향해 달려간 우리 모두의 이야기이다. 앞으로 우리 앞에 어떤 고난들이 더 펼쳐질지는 아무도 알 수 없다. 그러나 분명한 건, 더 이상 지난날의 우리가 아니라는 사실이다. 그리고 그 사실 하나만으로도 우리의 존재는 빛을 발할 것이다.

이 순간, 당신이 이유를 알 수 없는 불안감에 시달리고 있다면, 삶이 텅 비어버렸다고 느끼고 있다면, 과거도 미래도 아닌 현재를 가장 먼저 되짚어보라.

지금 당신은 달리고 있는가?
그렇다면 어디를 향해 가고 있는가?
그리고 무엇을 위해 뛰고 있는가?

이 질문에 분명한 답을 내릴 수 있다면, 당신은 이미 가장 소중한 선택의 준비를 마친 사람이다.

2004년 5월 5일
박창규, 홍의숙

1 장

변화의 시작

The
great
choice

세 번의 우연

"제 강의는 여기까지입니다. 많은 이들이 말하지요. 내가 밟고 지나가는 곳, 그곳이 바로 길이 된다고 말입니다. 그러나 사실을 알고 있는 것만으로는 달라질 수 없습니다. 아무리 많은 강의를 듣는다 한들, 그것만으로 변화할 수 있는 건 아니니까요. 길은 바로 여러분 내부에 있습니다. 물론 선택도 여러분의 몫이고요. 그것만이 제가 말씀드릴 수 있는 유일한 정답입니다."

참가자들이 하나둘씩 빠져나가면서 강의실의 소란도 사라졌다. 어두운 얼굴로 들어섰던 사람들이 한결 밝아진 얼굴로 문을 나설 때마다 나는 문득문득 생각했다. 삶의 목적이란 별다른 게 아니라고 말이다. 사람은 주어진 순간에 충실할 때 가장 아름다워진다고 하지 않는가. 강의 파일을 접으며 나도 모르게 입가에 미소를 머금었다.

손목시계를 흘끔대며 뒤돌아설 때였다. 문득 처음 이 자리에 섰을 때 파도처럼 밀려들던 감정들이 가슴속에 떠올랐다. 잠시 파일을 내려놓고 다시 연단에 섰다. 텅 빈 강의실의 정적 속에서 희미한 목소리가 들려오는 듯했다. 그것은 바로 내 안의 목소리였다.

"누구도 목표를 이루기 전까지는, 그걸 해낼 수 있다고 믿지 않는 법이지."

나는 고요한 정적 속에서, 강의가 끝난 뒤의 뜨거운 박수소리를 기억해냈다. 큰 어려움 없이 이 자리에 선 사람에게는 박수소리가 강의를 마치면 으레 듣는 소리에 불과할 것이다. 그러나 내게 그 박수는 특별한 의미였다. 내 강의가 아닌 내 삶의 궤적들을, 내 성공이 아닌 내 아픔을 공감하고 있다는 소리였기 때문이다.

퇴역 장군이라는 꼬리표를 달고 있었던 무력하고도 쓸쓸한 과거. 문득 그때의 나날들이 떠올랐다. 그곳에서 나는 무엇을 건져 올렸을까? 이 순간에 다다르기까지 얼마나 많은 일들이 있었던가.

나는 참석자들이 눈을 빛내며 앉아 있던 의자들과 손때 묻은 책상들을 바라보며 생각에 잠겼다.

그때 나는 전역 2년째를 맞이하고 있었다. 그리고 스스로의 삶에 무언가 문제가 있다고 느꼈다. 만일 그 당시 내게 닥쳐온 불안감들을 피하려고만 했다면, 결코 지금의 나는 있을 수 없었다. 내가 다른 이들과 달랐던 것은 딱 하나였다. 그것은 바로 그 불안을 내 삶의 원동력으로 삼았다는 점이다.

당시 나는 새벽이면 조용히 커튼을 열고 하늘을 바라보곤 했다. 나를 괴롭혔던 수많은 사건들, 나를 사로잡았던 수많은 영광을 돌이키기 위해서였다. 그러나 현실은 달랐다. 이제는 업무 보고도, 결재도 없었다. 염려 어린 자식들의 눈빛과 습관처럼 명령을 내리려는 내 고집 사이에 미약한 긴장감이 흐를 뿐. 아침 8시든 오후 9시든 내 마음대로 생활을 꾸려나가도 상관없는 날들이 펼쳐지고 있었다.

나를 괴롭힌 것은 그것이었다. 아무것도 하지 않고 있다는 것. 그렇게 어수선한 시간을 보내다가 미국으로 떠났고, 그리고 그곳에서 내 삶을 변화시킨 그 사람을 만났다.

현재의 의구심과 불안을 참고 견디지 말라. 아무리
두꺼운 벽도 두드리는 순간 문이 된다.

내가 그때 미국에 다녀온 것은 순전히 나를 안쓰럽게 여
긴 동서의 초청 때문이었다. 딱히 내키진 않았지만, 새로운
자극도 도움이 되리라는 생각에 결국 우리 부부는 약 20일
간 동서집에 머물기로 했다.

그날 아내는 일찌감치 처제와 함께 관광 여행길에 올랐
고, 나는 동서의 만류에도 불구하고 홀로 산책을 나섰다.
퇴역 즈음부터 나는 더욱 걸음이 빨라졌다. 무언가 목적 있
는 사람처럼 보이기 위해서는 빨리 걸어야 한다는 강박감
에 사로잡혔기 때문이다.

그때 저만치 누군가 느린 걸음으로 분수대 주위를 돌고
있는 것이 보였다. 무언가를 곰곰이 생각하는 듯, 아니 아
예 탑돌이를 하는 느낌이었다.

'설마 이런 곳에서 탑돌이라니……'

나는 실소를 머금었지만 새삼 그 모습에 마음이 끌려 고
개를 갸웃하고 바라보았다. 검은 머리칼에 아담한 키, 왠지
한국 사람 같았다. 그리고 내 입에서 그렇게 빨리 인사가

터져나올 것이라고는 스스로도 생각지 못했다.

"저기! 한국에서 오셨습니까?"

그것은 내 스스로의 자신감이 아닌, 그녀에게서 풍기는 안정감 때문이었다. 그러자 서슴없이 대답이 돌아왔다.

"네, 그런데요!"

<u>우연은 당신의 삶에 풍부한 변화를 가져온다.</u>

우리 두 사람이 서로에게 다가가는 데에는 불과 몇 초도 걸리지 않았지만, 그 순간 수많은 우연의 편린들이 내 주변을 떠돌고 있었다. 나는 잠시 후 그녀의 곁에 앉았다. 분수대의 물줄기가 차갑게 쏟아지고 있었다. 산책하는 모습이 마치 탑돌이 같았다는 내 말에 그녀는 환하게 웃어보였다.

"그런 것도 같군요. 여러 가지 생각을 하고 있었거든요."

"하하, 저도 언제쯤 그렇게 탑돌이를 할 수 있을런지⋯⋯."

"그래서 우리 조상들이 훌륭하다는 것 아니겠습니까. 탑돌이는 누구나 할 수 있는 정신적, 육체적 기도니까요."

분수대 주변에는 수많은 발자국들이 있었다. 사람들은

그렇게 각자의 꿈을 향해 움직이고 있었다. 분수대 주변을 맴돌든 그 앞을 무심히 지나치든, 어쨌든 그들은 움직인다. 커다란 계약을 성사시키기 위해, 아니면 새로 살 집을 둘러보기 위해, 그도 아니면 좀더 따뜻한 저녁밥상을 위해.

"무슨 일을 하세요?"라고 물었더니 "공부하고 있습니다"라는 대답이 돌아왔다. 아무리 봐도 40대 초반의 가정주부가 아닌가. 문득 호기심이 발동했다.

"아, 그렇군요. 여러 가지 어려운 점이 많으셨을 텐데 정말 존경스럽습니다."

그녀는 감사의 뜻으로 살짝 고개를 숙여 보였다.

"어려운 일이 좋아서 시작한 공부인걸요."

"그런데…… 어떤 공부를……?"

"코칭에 관련된 공부에요."

"아, 그럼 어떤 코치가 되실 건지? 혹시 축구에 관심이……? 아니면 수영이나 헬스……?"

그녀는 예상이라도 했다는 듯 빙긋 웃었다.

"네, 코칭도 여러 가지지요. 운동에도 코치가 필요한 것처럼 삶에도 코치가 필요합니다. 한마디로 제가 좋아하는 운동은 바로 삶이랍니다. 그 분야의 코치가 되려고요."

그녀의 대답에 나는 머리를 긁적이며 허허 웃었다. 농담이라고 생각했던 것이다. 잠시 후 그녀는 자리에서 일어나 고개를 숙여 보였다.

"인연이 되면 또 뵙겠지요. 다음에 만나면 정 선생이라고 불러주세요."

"네, 그럽시다."

하지만 따뜻한 악수를 나누며 헤어질 때까지만 해도, 나는 아무것도 믿지 않고 있었다. 삶에도 일정한 공식이 있으며, 그것을 지도해줄 수 있는 코치가 있다는 것을. 그리고 또다시 그녀를 만나게 되리라는 것을 말이다.

예감이 당신의 삶을 지배할 때, 그 순간에 충실하라.

그녀와 두 번째로 만나게 된 것은 한국에서였다. 우연히 참석한 세미나에서 그녀를 본 것이다. 처음에는 눈을 의심했지만, 조용한 걸음과 활발한 눈빛, 단정한 검은 머리칼은 어김없는 그녀였다. 나는 놀랍고 반가운 마음에 세미나가 끝나자마자 차라도 한잔 같이 하자고 제안했다.

주문을 하고 차가 나오기도 전에 조심스레 물었다.

"어쩐 일이십니까? 귀국하신 겁니까? 참, 정 선생이라고 불러달라고 하셨지요. 다시 만나게 돼서 정말 기쁩니다."

"네, 저도 이렇게 다시 뵐 거라고는 생각지 못했는데……."

"아니, 그럼 그때 말씀하신 건 진심이 아니셨다는 거군요."

정 선생은 미소를 지어보였다.

"아닙니다. 다만 이렇게 빨리 뵙게 될지는 몰랐다는 거지요. 반갑습니다."

"그럼 이제 귀국하셨으니까 코치를 하시는 겁니까?"

정 선생은 분명하게 고개를 끄덕여 보였다.

"네, 그렇게 하려고 준비하고 있습니다."

"그러면 지금은……?"

"코칭 회사에서 일하고 있어요."

"아, 그렇군요."

돌이켜보면 참으로 흘러가는 듯한 말이었다. 그래서 인간을 어리석다고 하는 것이다. 이 만남이 이후 내 인생에 얼마나 중요한 전환점이 될지도 모른 채 말이다.

그리고 얼마 뒤, '정말 코칭을 받아볼까?' 하는 생각을 종종 하던 무렵, 드디어 세 번째 우연이 다가왔다.

그날은 집 옆 교회에서 특별 강의가 있었다. 한국인 최초로 이스라엘 학위 과정을 마치고 귀국한 뒤, 이스라엘의 정신을 새마을운동과 접목시킨 유 박사라는 분의 강의였다.

강의 내용은 실로 훌륭했다. 생활 전선에서 전 세계를 상대로 싸워나가는 이스라엘의 국민정신, 특히 거짓 없는 상거래 법칙과 전통과 미래를 접목시킨 창조적인 아이디어, 가족과 공동체의 역할 등이 인상 깊었다. 강의를 들으며, 나도 모르게 고개를 끄덕이곤 했다. 그리고 강의가 끝나 자리에서 일어서는 순간, 낯익은 얼굴을 발견했다. 순간 심장이 멎는 듯한 느낌이었다. 또 그 사람을 만난 것이다.

가장 먼저 드는 생각은 이것이었다.

'세 번이라…… 보통 인연이 아니다!'

무언가 법칙을 만들기 위해서는 반복하라. 한 번의 다짐은 아무 확신도 주지 못한다. 그러나 두 번째는 다르다. 그리고 세 번째가 되면 이미 그 다짐은

법칙이 된다.

이번에는 정 선생이 놀라운 얼굴로 내게 다가왔다. 순간 나는 정 선생을 만나게 된 건 나의 바람 때문이었다는 사실을 깨달았다.

"오랜만입니다. 잘 계셨습니까? 코칭 사업은 잘되시구요?"

내 질문에 정 선생은 미소를 지어보였다.

"네, 잘되고 있습니다."

나는 잠시 주춤대다가 결국에는 내 생각을 말해버리고 말았다.

"저…… 괜찮으시다면 저에게도 코치를 해주실 수 있는지……."

정 선생이 웃으면서 되받았다.

"제 코치는 꽤 비싼데요."

"그건 제가 드리고 싶은 말씀입니다. 부디 비싼 만큼 결과가 나오도록 해주십시오."

정 선생은 찬찬히 내 얼굴을 바라보았다. 마치 내 말이 진심인지 아닌지 가늠해보려는 듯했다. 잠시 후 정 선생은 다시 미소를 지으며 말했다.

"그럴까요, 그럼 언제 시간을 내서 만나기로 하지요."

그녀의 확답을 듣는 순간, '아, 이제 정말 코치를 받는 거다' 라는 생각이 들었다. 그러자 군에서 배운 한 가지 원칙이 떠올랐다.

'결단을 내려라. 마음을 결정하는 순간, 이미 모든 준비는 끝난다.'

"네, 그러면 언젠가가 아니라 다음주 수요일쯤 만나면 어떨까요?"

"다음주 수요일은 일이 있고, 목요일 11시쯤 어떨까요?"

"좋습니다. 제가 점심 한번 사겠습니다. 다음주 목요일 아침 11시에 뵙죠."

첫 질문

나는 집에 돌아와 편한 옷으로 갈아입자마자 깊은 생각에 빠졌다.

'코칭이라……'

사실 내게 이 분야는 굉장히 생소했다. 하긴 군대에서도 '상담' 이라는 것이 있었다. 정신적으로 결함이 있거나 특

정 문제가 있을 때 중재자가 나서는 것이다. 따라서 내게 '코치'라는 개념은, 무언가 문제 있는 사람들을 떠올리게 만들었다.

요 근래 들어 계속해서 악몽에 시달리고 있었다. 식은땀으로 범벅이 되어 일어나면, 어느 것이 현실이고 어느 것이 꿈인지 혼란스러웠다. 빨리 이 악몽을 떨쳐 버리고 뭔가 새로운 일을 찾고 싶었다. 그리고 그럴 수만 있다면, 문제 있는 사람이 된들 무엇이 나쁘단 말인가.

나는 조용히 소파에 앉아, 어떤 부분을 어떻게 코치 받을까를 먼저 생각했다. 그간 1대 1 상담이라고는 받아본 적이 없었고, 더구나 '코칭'이라는 분야가 너무 생소해 도무지 감이 잡히지 않았다.

결국 나는 '일단 가서 뭐라고 하는지 들어보자. 그 분야를 공부했다고 하니 애기 몇 마디 듣는다고 해서 손해는 아니지'라고 마음을 편히 가졌다.

드디어 목요일이 다가왔다.

나는 아침부터 들떠 있었다. 미국에서 우연히 정 선생을 만나게 된 일, 그 이후로 또다시 찾아온 두 번의 우연……오늘의 만남은 이 지난 세 번의 우연만으로도 충분히 의미가 있었다.

나는 재빨리 이부자리를 떨치고 일어났다. 난생 처음 만나게 되는 미답의 땅에 대한 호기심 때문이었다.

정 선생은 거의 정확한 시간에 나타나 악수를 청했다.

"반갑습니다. 일 주일 동안 잘 계셨습니까?"

인사 몇 마디가 오간 뒤, 자연스럽게 미국에서의 이야기가 흘러나왔다. 나는 어느덧 따사로운 오후 분수가에서 우연히 그녀를 만났던 그때로 돌아가 있었다. 정 선생은 허물없이 자신의 이야기를 꺼냈다.

"사실 이전만 해도 전 철새와 다름없었지요. 수없는 일들을 경험해봤으니까요."

"저로서는 경험한다는 자체가 행복한 일 같은데요."

"문제는 모두가 만족스럽지 않았다는 겁니다. 결국 전 10년 뒤를 바라보기로 했어요. 마당의 나무가 훌쩍 자라 제 키를 휜칠하게 넘는 그날을 말이에요. 결국 저는 코칭 사업을 택했습니다. 해답 없는 세계에서, 앞으로 이만큼 절실한 학문은 없을 테니까요. 그 탓에 남편과는 별거 아닌 별거를 하게 되었어요."

"이런……!"

"아이들만 데리고 미국으로 훌쩍 날랐습니다. 혼자서 할 줄 아는 요리라고는 라면밖에 끓일 수 없는 양반을 두고 가자니 마음이 좋을 리 없었죠."

나는 나도 모르게 그녀의 얼굴을 찬찬히 바라보았다. 가정주부가 10년 후의 비전을 내다보고 공부를 택했다니 분명 범상치 않았다. 잠시 후 정 선생이 살짝 물었다.

"참, 늦었군요. 선생님께서는 어떤 커리어를 가지고 계십니까?"

순간 나도 모르게 마른 침을 꿀꺽 삼켰다.

"사실은…… 군 출신입니다."

"아, 그러시군요……?"

"예비역 장성이지요."

순간 그녀의 얼굴이 환해졌다.

"아, 말로만 듣던 예비역 장성을 만나게 되다니, 멋진 분을 코칭하게 되었군요. 음…… 아무래도 코칭비를 비싸게 받아야 할 거 같은데요."

나는 그녀의 환대에 잠시 얼떨떨해졌다. 그녀는 다시 나를 바라보며 물었다.

"그럼 군에는 얼마나 계셨지요?"

"한 30년 있었습니다."

"좋습니다. 30년 봉사에 감사드리는 마음으로, 저도 최고의 코치가 되도록 노력하죠."

그녀의 긍정적인 모습은 마음 밑바닥의 작은 경계심마저 허물어뜨렸다. 그간 출신을 밝히는 것을 다소 꺼렸던 차에 그런 말을 듣고 나니 한결 마음이 가벼워졌다. 어느덧 나는 서슴없이 내 얘기를 이어가고 있었다.

"사실 저는 남들과는 좀 다른 경우였습니다. 육군사관학교에 들어갔을 때는, 정말 청운의 꿈이라 할 만한 엄청난 포부를 가지고 있었지요. 아는 것도 없으면서 허풍과 꿈만 먹고 살던 시절이었으니까요. 그리고 졸업을 한 뒤에는 온갖 풍상을 겪다가 결국은 사령관까지 지냈고요."

나는 잠시 생각에 잠겨들었다. 지난날을 정리한다는 것이 새삼 어렵게만 느껴졌다. 진지하게 나를 응시하는 정 선생의 눈빛을 조명 삼아, 무대 위의 배우가 된 느낌이었다. 그간 내가 걸어온 길, 그 모든 것을 다 이야기하려면 며칠이 걸려도 힘들 것 같았다. 정 선생은 참을성 있게 내 이야기를 들어주고 있었다.

"그런데 전역을 하고서는 특별한 일 없이 쉬고 있습니다.

여행도 하고, 운동도 하고……. 뭐, 특별할 건 없지만, 간단히 제 경력을 소개하면 그렇습니다."

정 선생은 가볍게 '딱' 하고 손바닥을 부딪친 다음 다시 미소를 머금었다.

"네, 잘 들었습니다. 하나 의아한 점이 있군요. 선생님께서는 자신의 어떤 면에 대해 코칭을 원하시는 거지요?"

무슨 일을 시작하든 사전에 목적을 분명히 하라.
고지가 분명해야만 지름길을 찾을 수 있다.

나는 잠시 침묵에 잠겨들었다. 이 순간의 대답이 정 선생의 코칭 방법을 결정하리라는 생각에서였다. 그리고 얼마간의 시간이 흐른 뒤, 나는 침묵을 깨고 입을 열었다.

"네, 사실 군 생활 때는 전역 뒤를 생각하지 않았습니다. 예전만 해도 군에서 열심히만 일하면, 전역 후에 자리가 마련되어 있었으니까요. 그래서 제 세대들 역시 그런 보상을 받게 되리라 굳게 믿었습니다. 그러다가 제가 전역할 무렵부터 상황이 돌변했습니다."

정 선생은 고개를 끄덕였다. 그때의 막막한 심정이 되살

아나는 듯했다.

"문민정부가 들어서면서 군인들, 특히 예비역 장성의 취업은 물 건너간 이야기가 되어버렸습니다. 심지어는 벌써 자리를 잡은 분들까지 쫓겨날 정도였으니까요. 사실 이건 비단 제 문제만이 아닙니다. 전역한 장성들 대부분이 특별한 일 없이 세월을 보내고 있거든요."

나도 모르게 깊은 한숨을 쉬었다.

"그런데 일 없이 논다고 해서 한가한 것도 아니더군요. 현역 때는 면제됐던 각종 경조사와 군 관련 안보 세미나 참석 등 의외로 바쁜 일들이 생깁니다. 하지만 그 와중에도 내 삶을 주도적으로 이끌어가지 못하고 있다는 생각, 아무 생각 없이 하루하루를 살아가고 있다는 느낌이 저를 괴롭혔습니다. 늘 갑갑하면서도 뭔가 채워지지 않는 듯한 기분이었지요. 제가 코치를 원하게 된 것도 바로 그 때문입니다."

정 선생은 곰곰이 생각에 잠겼다가 다시 고개를 들었다.

"저 역시 수없이 돛을 잃고 방황했었지요. 선생님의 심정, 충분히 이해합니다. 전역 후를 기대하고 열심히 일했는데 막상 나와 보니 상황은 그렇지 않은 거지요. 게다가 군에서 얻게 된 귀중한 경험을 활용 못하는 것도 아쉬웠을 테고요. 그렇다면……."

정 선생의 눈에 잠시 짧은 광채가 스쳐지나갔다.

"장군님께서는 미래에 대해 어떤 비전을 갖고 계십니까?"

나는 고개를 설레설레 저었다.

"아직은……."

"그러면 어떤 종류의 직업을 원하시지요?"

"글쎄요. 지금으로서는 '어떤 종류'를 따질 상황이 아닙니다. 무슨 일이든 하기만 하면 좋겠다는 생각이 듭니다."

"그러면 제가 먼저 얘기를 해보지요. 예를 들어 법률이나 군과 관련된 직업은 어떠세요? 아니면 장사는요? 돈을 버는 증권이나 의술은 어떻게 생각하십니까? 이것 말고도 무수히 많은 직업들이 있지요."

"제 성격이나 상황 전체를 볼 때, 물건을 사고팔아 돈을 버는 직업은 그렇고, 또 법률이나 의학이나 그런 특수 분야는 전문성이 없고……. 제 생각인데, 아무래도……."

"네, 말씀하세요."

"잘은 모르지만 군에서 내가 경험하고 훈련했던 내용들을 활용할 수 있는 일이었으면 좋겠습니다."

"그럼 무기상 브로커 같은 것도 생각해보셨겠군요?"

"하하, 사실 그런 유혹도 없지는 않았지요. 일을 해보라는 얘기도 있었고 말입니다. 하지만 그보다는 좀더 가치 있는 일을 하고 싶었지요."

"가치 있는 일…… 그럼 어떤 일이 가치 있는 일이지요?"

"글쎄요, 그것이 안 떠올라 고민하고 있습니다."

"그렇다면 전역이란 무얼 의미한다고 생각하십니까?"

나는 다시 곰곰이 생각했다.

"음…… 영어로는 '리타이어(retire)', 우리말로는 은퇴라고 하지요. 한마디로, 수고했으니까 쉬라는 의미 아닐까요?"

정 선생의 입가에 미소가 번졌다.

"좋습니다, 선생님. 오늘은 첫날이니 이 정도만 하죠. 리타이어 얘기는 다음에 만나서 더 하고요."

정 선생은 짧게 고개를 끄덕이고는 나를 바라보았다.

"다음에는 어떻게 할까요? 일 주일에 한 번씩이 좋을까요, 아니면 이 주일에 한 번씩 할까요? 아니면 한 달에 한 번도 좋고요. 일반적으로 처음 1, 2개월은 일 주일 또는 이 주일에 한 번씩 만나는데 편하실 대로 하는 것이 낫겠군요."

"지금으로서는 일 주일에 한 번은 만나도 할 얘기가 없을 것 같은데…… 이 주일에 한 번이 괜찮겠군요."

"좋습니다. 이 주일에 한 번씩 만나죠. 이 주일 후에 다시 이 시간, 여기서 만나기로 하겠습니다."

"네, 그렇게 하도록 하겠습니다."

정 선생은 치맛단을 정리하며 자리에서 일어나다가 스치듯 물음을 던졌다.

"참, 선생님, 딱딱한 질문일지 모르지만…… 이렇게 얘기를 나누고 나니 어떤 느낌이 드시는지요?"

나는 멋쩍게 웃으며 답했다.

"우선 정 선생님의 경력에 놀랐지요. 미래를 준비하기 위해 바친 열성 말입니다. 전 아무 준비 없이 이 사회로 나왔으니까요. 참, 그리고 일반적으로 부르는 다른 호칭이 있습니까? 저도 같은 호칭을 사용해야 할 것 같아서요."

"네. 모두들 정 코치라고 부릅니다. 사람들도 처음에는 '무슨 무슨 코치' 하면 운동 코치를 생각하더군요. 일종의 편견이지요."

"그럼 저도 정 코치님이라고 부르겠습니다."

정 코치는 감사의 뜻을 표하듯 살짝 고개를 숙여 보인 뒤, 다시 한 번 질문을 던졌다.

"제 질문 중 무언가를 생각하도록 만드는 질문이 있었습니까?"

이 부분에서는 서슴없이 대답할 수 있었다.

"비전이 무엇이냐라는 질문과, 전역에 대한 의미를 질문하신 것이 기억에 남습니다."

정 코치는 드디어 탁자 위에 놓인 가방을 들었다.

"좋습니다. 오늘 처음 만나 조금이나마 신뢰를 쌓았다는 것만으로도 충분합니다. 그러면 2주 후, 이 시간에 다시 만나지요."

그녀는 가벼운 목례를 남긴 뒤 뒤돌아섰다. 그때 그녀가 잠시 걸음을 멈추고 뒤를 돌아보았다.

"참, 그 말씀을 안 드렸군요. 이제부터 저도 선생님을 박 장군님이라고 불러드리겠습니다."

리타이어

이삼일 후였다. 평소처럼 새벽에 눈을 떴다. 아무리 늦잠을 자고 싶어도 30년간의 습관은 쉽사리 변하지 않았다.

간만에 차를 한잔 마시면서 깊은 생각에 잠겨들었다. 며칠 전의 정 코치와의 만남은 작지만 뚜렷한 변화를 가져왔다. 무언가 생각할 것이 생겼다는 것만으로도, 무력하고 답답한 느낌은 더 이상 들지 않았다.

나는 마당에 나가 오랜만에 가지치기를 시작했다. 그러다가 문득 가위를 떨어뜨렸다. 가위는 땅에서 자라고 있던 난초 위에 무겁게 떨어졌다. 나는 깜짝 놀라 꺾어진 난초 줄기를 매만졌다. 딴 데 정신이 팔려 있으니 죄 없는 것들이 다치는구나 싶었다. 부러진 잎들을 잘라내고 다시 흙으로 꾹꾹 눌러주는데 문득 정 코치의 질문이 생각났다.

'리타이어라는 건 무얼까?'

나는 흙투성이가 된 손바닥을 무심하게 툭툭 털며 생각했다.

그래, 마냥 쉬라는 의미는 아닐꺼야. 전역이라는 것도 역할을 바꿔본다는 뜻으로도 해석할 수도 있고, 아…… 그러니까 리타이어(retire)는 타이어(tire)를 바꿔 낀다는 의미로도 해석할 수 있는 것이 아닐까?

나는 피식 웃었지만, 이내 다시 진지해졌다. 그때 갑자기 군 생활에서 만났던 후배 한 명이 떠올랐다. 그 친구는 미국에서 IT(정보 기술) 관련 박사학위까지 받고 돌아와 지금 그 분야에서 일하고 있었다. ≪제3의 물결≫, ≪미래의 충격≫, ≪권력이동≫ 등의 책을 읽게 된 것도 그 친구의 영향이었다. 그 친구야말로 군인에서 경제전문가로 변신한 사례였다.

'그래, 공부를 하는 건 어떨까?'

나는 문득 해답을 만난 기분이었다. 하지만 그것은 추상적인 답일 뿐이었다. 생각은 얼마든지 할 수 있기 때문이다.

그물을 짜기 위해서 실과 바늘을 준비했다면, 이제 어떤 모양의 그물로 무엇을 잡을까를 생각하라.

한참을 고민하다가 이전에 경영대학원에서 공부한 것을 활용해보면 어떨까 하는 생각이 떠올랐다. 부대 경영 경험과 경영학 그리고 IT와의 만남이라…… 왠지 솔깃했다.

나는 나도 모르게 주먹을 쥐고 자리에서 일어섰다. 집 안으로 들어오자마자 서둘러 후배에게 전화를 걸었다. 그리고 형식적인 안부 인사를 물을 틈도 없이 본론부터 꺼냈다.

"이봐, 오늘 이상한 생각이 들지 않겠나. 문득 전역이 새로운 생활의 시작일 수도 있다고 말이야."

"하하, 무슨 좋은 일이라도 있으셨던 거로군요. 너무 서두르시는데요."

"어쨌든, 잘 들어봐. 리타이어란 무슨 뜻이겠나? 타이어를 바꿔 낀다는 의미 아닌가? 그래서 나도 타이어를 바꿔 끼고 공부를 하기로 마음먹었네."

나는 옆에 있던 물잔으로 입을 축인 다음 다시 말을 이었다.

"이때까지 너무 고지식하게만 살았단 말이야. 한마디로 눈앞의 길도 못 봤던 셈이지."

후배는 잠시 무언가를 생각하는 듯 침묵했지만, 잠시 후 다시 활기찬 목소리로 대답했다.

"사실 전후 상황은 잘 모르지만, 어쨌든 공부를 하신다니 용기 있는 결정을 하신 것 같군요. 그런데 어떤 공부를 하실 건데요?"

"알다시피 이전에 연세대학교에서 경영대학원 과정을 수료하지 않았나? 그러니 정보 경영 분야를 공부하면 좋을 것 같아. 경력도 있고 하니 괜찮지 않을까?"

내 말을 들은 후배는 무척 긍정적인 목소리였다.

"괜찮은 생각입니다. 경험도 경험이지만 장군이라는 위상도 큰 힘을 발휘할 거고 말입니다. 사실 대부대를 지휘한다는 것은 아무나 할 수 있는 일이 아니니까요."

그 말을 듣고 나자 확신은 더욱 강해졌다. 무언가 추상적이고 뭉뚱그려져 있던 미래가 점차 확연하게 다가오는 듯했다. 나는 서둘러 자료를 찾았고, 속전속결로 정보과학대학원을 찾아 등록까지 마쳤다.

그리고 이 주일 후, 다시 정 코치를 만났다.

정 코치는 여느 때처럼 사려 깊은 눈길로 내 얼굴을 살펴보더니 환한 미소를 띠었다.

"안녕하세요. 박 장군님."

나는 손을 내밀어 악수를 청하며 먼저 말을 건넸다.

"코치님은 업무가 즐거우신 모양입니다."

"그래 보이나요?"

"네, 눈에서 광채가 나는군요. 에너지가 느껴집니다."

"맞습니다. 기반을 닦느라고 무척 바쁘지만 그만큼 즐겁기도 하지요. 참, 지난 2주 동안은 잘 계셨나요?"

"딱히 다를 것은 없었지만, 무언가 생각할 것들이 많았습니다. 같은 생각을 해도 이전보다 발전적이었지요."

"그럼 생각이 달라진 건 없나요? 아니면 제가 드렸던 질문과 연결해 고민해보신 문제는 없으신지요?"

나는 이 질문을 익히 예상하고 있었다. 어쩌면 정 코치는 지난 2주간 숙제를 내준 것인지도 몰랐다. 나는 느낀 바를 솔직하게 말하기로 했다.

"네, 사실은 고심 끝에 이런 결론을 내렸습니다. 리타이어는 타이어를 바꿔 끼는 것을 의미한다고 말입니다."

대답을 들은 정 코치는 무척 흥미로운 눈치였다.

"그럼 구체적인 구상은요?"

"사실 이전에 연세대학교 경영대학원에서 경영 마인드를 배운 적이 있었습니다. 그래서 그와 정보 기술을 접목한 정보 경영 분야를 공부하기로 마음먹었습니다."

"그렇다면 그렇게 결정하신 배경은요?"

"아무래도 그 분야에 관심이 있고, 부대 지휘 경력도 있고, 경영학도 공부했으니까요. 그리고 무엇보다도 이 분야에서 새로운 미래에 대한 가능성을 찾을 수 있을 것 같다는 생각이 들더군요."

정 코치는 수긍이 간다는 얼굴로 고개를 끄덕였다. 그녀는 잠시 노트에 무언가를 적는 듯하더니 다시 질문을 건넸다.

"그렇다면 관심 있다는 것과 잘할 수 있다는 것과는 어떤 차이가 있을까요? 현실적으로 부딪치는 문제로는 어떤 것이 있을까요?"

순간 나는 잠시 멍해지는 기분이었다.

당신은 타이어를 골랐다. 그렇다면 그 타이어가 당신과 잘 맞는지, 혹은 당신을 엉뚱한 곳에 내려놓을 가능성이 있는지, 다시 한 번 생각해보라.

나는 고개를 설레설레 저으며 답했다.

"사실 그 부분은 별로 크게 생각해보지 않았습니다. 이제까지 어떤 선택에서 실패해본 적이 거의 없었으니까요. 사실 지금도 해낼 수 있다는 자신감이 더 큽니다. 다른 것은 몰라도 행동력만큼은 저를 따라올 사람이 드물 겁니다. 지난주에 코치님을 만나, 이틀 뒤 마음을 잡고, 곧바로 아는 교수님을 통해 이번 학기를 등록했거든요."

정 코치는 놀란 눈치였지만 내색하지는 않았다. 그녀는 차분한 목소리로 말을 이었다.

"그러셨군요. 아무래도 장군님께서는 결정력과 행동력이 남다르다는 장점이 있으신 듯해요."

정 코치는 노트의 메모를 살짝 훑어보고는 다시 내 얼굴로 시선을 돌렸다.

"누구든 있던 자리에서 떠나면 자신감을 잃게 되지요. 그런데도 곧바로 공부에 매진하시기로 결정했다니 보통 행동력으로는 힘든 일입니다. 하지만 문제는 그것을 현실로 이룰 수 있느냐 입니다. 이삼십대에게도 쉽지 않은 일이니까요. 혹시 기대와 다른 일이 발생할 수도 있다는 생각은 해보셨는지요?"

"아예 생각지 않았던 것은 아닙니다. 다만 승산이 있다고 생각했을 뿐입니다. 이전에 군대 교육에서도 늘 성적이 좋았습니다. 다른 건 몰라도 적어도 공부를 하는 동안은 별 어려움이 없을 것 같습니다."

정 코치는 메모를 하던 노트를 덮으며 활기차게 말했다.

"좋습니다. 그럼 반드시 원하시는 성과를 얻으시길 바랍니다. 이제 장군님께서 하셔야 할 일은, 목표를 정하고 끊임없이 나아가는 일입니다. 그리고 공부하시는 동안은 학업이 우선이니 상황에 따라 만나 뵙는 게 좋을 것 같군요. 행운을 빕니다."

변
화
의

시
작

변화를 두려워하지 말자

1. 현재 내 생활에 불만이 있다면 그 정체를 정확히 파악하라.

2. 과거의 악몽에 매여 있지 말라.

구체적인 변화의 상을 제시하자

1. 그 불만을 어떤 코칭 기법으로 어떻게 개선시켜나갈 것인지 분명하게

   구분 지어라.

2. 그 구분을 코칭하는 상대에게 정확히 전달하라.

2장

열정의 법칙

The
great
choice

열정과 성찰, 미켈란젤로

그렇게 해서 새로운 생활이 시작되었다.

나는 지금 돌이켜봐도 그 2년 반이 어떻게 흘러갔는지 모를 정도로 공부에만 매진했다. 여름이면 수업 때마다 비지땀이 흘러내렸고, 이른 아침 강의 때는 수업에 늦지 않기 위해 아내를 닦달했다. 매순간 정보 기술의 새로운 면모를 확인하며 감탄을 연발했다. 내 머릿속은 50대 중반의 나이가 무색하도록 온갖 새로운 것들로 가득 차 있었다.

사실 학생들 중 나는 거의 최고령이었다. 40대도 가뭄에 콩 나듯 있었고, 대다수가 30대 중반이었다.

그 와중 마음 한구석에는 나도 모르게 걱정이 쌓여갔다. 비록 충실히 끝을 맺는다 해도, 계속 이 분야에 있기는 힘

들으리라는 것을 점차 깨닫고 있었기 때문이다. 발표나 연구논문을 제출할 때마다, 나는 따라갈 수 없는 청춘과 노년의 갭을 느껴야만 했다.

알아야 화도 낸다고, 문득 회의가 들기 시작한 것은 어느 정도 이 분야에 능통하게 된 뒤였다.

나는 기존의 결심대로 과정을 마치고 교문을 떠나자마자, 무조건 발로 뛰기 시작했다. 나이로 안 된다면 열정으로 승부하겠다는 생각이었다. 어딘가 내 자리가 있을 것이라는 믿음에서였다. 그러나 아무리 내 뜻을 전하고 문을 두드려도, 받아주겠다고 나서는 곳이 없었다. 어쩌면 나는 착각을 하고 있는지도 몰랐다. 나는 처음으로 지난 2년 반의 세월을 후회했다.

무모한 열정만으로 세상을 가늠하지 말라. 당신이 어떤 자리를 원할 때, 당신보다 뛰어난 누군가도 그 자리를 노린다.

그렇게 고민의 나날이 이어졌다. 나는 젊은 사람들 틈바구니에서 열심히 노력했다. 하지만 결과는 노력만큼 따라

와주지 않았다. 처음의 자신감은 어느덧 흔적도 없이 사라져 있었다. 그리고 그때서야 나는 정 코치의 애정 어린 우려를 기억해냈다.

'선택의 결과가 기대와 다를 때는 어떻게 할 것인가?'

정 코치는 이미 2년 반 전에 이런 상황을 예상하고 있었던 것 같다. 결국 나는 다시 정 코치를 찾을 수밖에 없었다. 그동안 연락을 거의 하지 않았기 때문에, 한참을 망설이다가 그녀를 만났다.

"정 코치님, 어렵게 찾아뵈었습니다. 그간 잘 지내셨습니까?"

정 코치는 이전보다 한층 바빠진 모습이었지만, 예전과 다름없이 부드러운 미소를 건넸다.

"네, 장군님의 격려 잊지 않고 열심히 살았답니다. 그런데 어쩐 일로……."

나는 다시금 2년 반 전의 기억을 떠올렸다.

"혹시 그날을 기억하십니까. 제가 전역이란 것을, 새 출발의 의미로 받아들였다고 말씀드린 날 말입니다."

"네, 잊지 않았습니다. 이후 제 고객들에게도 그 이야기를 들려주곤 했는걸요."

나는 그녀의 가볍고도 진지한 태도에서 따뜻한 배려를 읽을 수 있었다. 그녀는 내 입에서 어떤 이야기가 흘러나올지 알면서도 계속해서 말할 기회를 주고 있는 듯했다.

"그때 말씀드린 대로 정보 경영 분야를 공부했습니다. 그런데 역시 제 일은 아니었나봅니다. 도전과 열정은 좋았는데, 제 장점과 부합시킬 수 있는 기회가 없었습니다. 현실도 따라주지 않았고요."

"실망이 크셨겠군요. 그 2년 반이라는 시간이 더욱 남달랐을 텐데요. 좋습니다, 그렇다면 장군님께서는 스스로의 강점을 뭐라고 생각하시지요?"

"글쎄요……. 열정, 추진력."

"그럼, 어떨 때 열정과 추진력이 발휘되죠?"

"물론 좋아하는 일을 할 때입니다."

"그럼 군 생활은 어땠습니까? 그동안 열정과 추진력이 단 한번도 식지 않았습니까?"

"아닙니다. 좋을 때도 있었고, 아닌 때도 있었고."

"그럼 어떤 일을 할 때 제일 좋았습니까?"

"음……, 글쎄요. 주어진 임무가 내 적성과 맞을 때, 예를 들어 작전 참모나, 월남전의 중대장 역할이 제게 맞았던 것 같습니다."

"그러면 그때처럼 '이건 내 일이야' 하는 기분으로 하고
싶은 일이 있으신지요. 다시 말해 정보 경영 분야가 진실로
열정을 불러일으킨다고 생각하십니까?"

'하고자 하는 일'과 '하고 싶은 일'은 분명 다르다.
열정의 겉과 속, 그 표리를 잘 구분하라.

"글쎄요……. 지금으로서는 손에 잘 잡히지 않는군요."

"그러시다면 진정 '하고 싶은 일'이 무언지 깊이 명상해
보실 필요가 있습니다. 그런 다음 같이 얘기를 해보죠. 괜
찮겠습니까?"

"네, 좋습니다. 그럼 언제쯤 다시 만날까요?"

"한 2주나 한 달쯤이 좋을 것 같군요. 그동안 장군님께서
는 내면의 깊은 성찰로 다시 한 번 자아를 발견해보십시오.
참, 여담입니다만, 미켈란젤로가 다비드 상을 만든 역사적
인 날, 제자들이 이렇게 물었다고 합니다. 선생님께서는 어
떻게 저런 훌륭한 조각품을 만들었냐고요. 그래서 미켈란
젤로는 뭐라고 대답했을까요?"

나는 고개를 저었고, 정 코치는 눈을 반짝이며 입을 열었다.

"이렇게 대답했답니다. '그 다비드상은 내가 만든 게 아니야. 그 상은 원래 그 대리석 안에 있었는데 우연히 내 눈에 보였지. 그리고 나는 필요없는 부분들만 깎아놓았을 뿐이지'라고 말입니다. 그리고 이어서 아주 유명한 말을 하죠. '나에게 조각이란 돌을 깨뜨려 그 안에 갇혀 있는 사람을 꺼내는 작업이다.' 장군님께서도 내면을 깊이 응시하다 보면, 장군님의 핵심적인 강점이 무엇인지, 정말 무엇을 하고 싶은지 알게 되실 겁니다."

잠시 후 정 코치는 악수를 청했다.

"장군님께는 불행일지 모르지만, 어쨌든 다시 만나게 되어 정말 반갑군요."

나는 그 손을 굳게 잡으며 답했다.

"당치 않은 말씀입니다. 저는 결코 이 결과를 불행하다고는 생각지 않습니다. 세상이 어디 마음먹은 대로만 돌아가던가요."

"다행입니다. 사실 나오면서 무척 걱정했었습니다. 이전보다 더 자신감을 잃으신 건 아닐까 하고요. 어쨌든 저는 이만 일어서야 할 것 같군요. 오늘은 여기서 마무리하고 다음 기회에 같이 얘기하도록 하지요."

"좋습니다."

그 뒤로 나는 다시 고민에 빠져들었다. 그러나 그 고민은 이전과는 달리 내면을 향하고 있었다. 가장 먼저 드는 생각은 '나는 과연 어떤 장점을 가지고 있을까?' 였다.

가만히 생각해보니 이때껏 군대 시절의 장점을 까마득히 잊고 있었다. 그 시절 나는 종종 훈장과 상을 받곤 했다. 군의 생리에 맞는 그 어떤 특색 때문이었을까? 덕분에 나는 다른 이들보다 진급을 빨리 했고, 결국은 한 병과의 사령관 자리까지 일임 받았다.

하지만 사회는 군대와 달랐다. 그때의 장점들이 이곳에서도 빛을 발하리라는 보장이 없었다. 만일 군대로 돌아간다면 얼마든지 또다시 내 열정과 추진력을 발휘할 자신이 있었다. 하지만 내가 자리 잡고 있는 곳은 사회, 일종의 황무지였다.

생각해보니 무턱대고 새로운 분야에 뛰어든다고 해서 인정받을 수 있는 것도 아니었다. 그때 문득 여행을 가볼까 하는 생각이 들었다. 여길 떠나면 스스로를 객관적으로 바라볼 수 있을 것 같다는 생각에서였다.

그리고 문득 전역한 지 얼마 안 된 강 장군을 떠올렸다. 이번 기회에 같이 여행을 가보면 어떨까 하는 마음이었다. 나는 전역을 한 지 몇 년이 지나고 나서야 비로소 나를 객관적으로 바라볼 준비를 하고 있었다. 강 장군 역시 몇 년 전의 나처럼 큰 혼돈에 빠져 있을 것이 분명했다. 이왕지사 이렇게 된 것, 그에게는 좀더 빨리 기회를 마련해주고 싶었다.

나는 결국 행선지를 한적한 휴양림으로 정하고 위치 파악 등 모든 준비를 전광석화처럼 마치고 나서야 휴식을 취할 수 있었다. 아내는 옷가지를 접다가 나를 바라보며 웃음 반 걱정 반으로 말을 건넸다.

"당신은 생각하는 걸 너무 바로 행동으로 옮겨서 큰일이에요. 애들도 당신 닮아서 어찌나 성격들이 급한지⋯⋯."

"그런가?"

나는 아내의 핀잔에 웃음으로 응대했다. 아내는 오랜 세월 내 성화를 받아주느라, 누구보다도 느긋하고 넉넉한 여인이 되어 있었다. 그렇다면 그것도 내 공덕이라 할 수 있지 않은가?

자신을 들여다볼 준비가 된 사람은 스스로의 결점까지 사랑할 수 있다. 결점을 사랑할 수 있게 된 사람은, 장점을 더욱 놀랍게 키워낼 수 있다.

내가 간 곳은 작은 휴양림이었다. 시끌벅적하고 화려한 여행에는 이력이 난 터라 푸른 숲에 작은 통나무집을 보자마자 가슴이 툭 트이는 기분이었다. 막상 도착하기 전만 해도 그곳이 얼마나 아름다울지 상상도 하지 못했던 터였다. 건물들은 작고 아담했고, 숲은 울창했다. 나는 아름다운 외관이나 날씨는 둘째 치고 이곳이 숲이라는 점이 마음에 들었다. 깊은 생각을 하기에 안성맞춤이었기 때문이다.

강 장군은 내내 기분 좋은 얼굴이었다. 이 친구는 오자마자 짐을 정리하고 극구 밖을 돌아봐야겠다고 집을 나섰다. 하지만 나는 잠시 홀로 생각할 거리가 남아 있어 천천히 강 장군을 기다리기로 했다.

그리고 가장 먼저 꺼낸 것은 스티븐 코비의 《First Things First》였다. 내가 이 책을 가지고 온 건 순전히 제목 때문이었다. "소중한 것을 가장 소중히 여겨라" 이 문구에서 어떤 절실함이 느껴졌던 것이다. 나는 짐을 풀고 편한 옷으로 갈아입은 뒤 그 첫 장을 펼쳐 한 줄씩 음미하며 읽어내려갔다. 얼마 안 가 맑은 새 소리도 화창한 햇살도 의식 속에서 까마득히 사라져갔다.

다음날 강 장군과 이곳저곳을 둘러보면서도 간간이 책 생각이 났다. 돌아오기가 무섭게 책을 손에 쥐면, 밤늦도록 시간 가는 것도 잊어버렸다. 그러다가 페이지가 어느 정도 넘어가면, 하늘엔 총총하게 별이 떴다. 나는 문득문득 '내게 가장 소중한 것'이 무엇인가 질문을 던져보곤 했다.

'소중한 것을 이루기 위해서는, 먼저 그게 뭔지를 알아야 하는 것 아닌가.'

스티븐 코비는 소중한 것을 먼저 하기 위해서는 '사명'을 발견하여 '사명서'를 만들라고 제안하고 있다. 그것은 인생의 나침반과 같고 내 인생의 방향을 잡아주는 북극성과 같다고 하였다.

강 장군에게 말을 건넸다.

"강 장군, 우리 군대에 있을 때 '국군의 사명'이라는 말을 많이 들었지 않나. 그런데 이 책에, 개인의 사명을 발견하여 정리하라고 씌어 있는 걸 보니 괜스레 새삼스러운 걸."

강 장군은 창밖을 바라보다 말고 내게로 다가와 책을 슬쩍 건너보았다. 나는 한동안 강 장군과 군 시절 이야기를 나누다가 다시 책으로 눈길을 돌렸다. 나는 '사명서'라는 개념을 이 책에서 처음 접했다. 그러나 내게 절실한 것은, 사명보다는 '무엇을 할 것인가'였다. 잠자리에 들기 전 조용히 돌아누워 홀로 중얼거렸다.

"이봐, 박창규, 정말로 하고 싶은 게 뭔데?"

이 질문은 여러 날 동안 계속되었다. 나는 강 장군과 그간 못다한 이야기를 나누었다. 강 장군은 내 변화를 기뻐하면서도 한편으로는 우려를 드러냈다.

"글쎄. 나는 그냥 이 생활로 만족하기로 했네. 자네가 그 길을 택한다면, 열심히 정진하길 바라네. 나는 이제 남은 여생 동안 가족들과 평화롭게 지내는 게 꿈이네."

아마 내가 좀 서두르는 것 같아 내게 해준 충고였으리라 생각했다. 그리고 강 장군은 함께 했던 이 여행 몇 년 뒤 간암으로 생을 달리했다. 그는 내게 귀중한 교훈을 주었다. 내가 무심코 살고 있는 이 하루가 그가 그토록 살고 싶어 했던 내일이라는 생각 때문이다.

'자네 몫까지 보람있게 살아야지.'

리더십 엔진

강 장군이 7일째 되는 날 돌아가자, 비로소 나 혼자만의 시간을 가지게 되었다. 내 사고는 저 깊은 곳의 또렷한 초점을 향해 흘러가고 있었다. 깊은 우물 안의 목소리처럼, 나는 내 스스로에게 끊임없이 질문을 던졌다.

'정말로 하고 싶은 일이 뭘까? 그것을 이루는 데 내 어떤 점이 도움이 될까?'

그러던 어느 날이었다. 기억으로는 강 장군을 보내고 16일째 되는 날이었던 듯하다. 도중에 한번 비가 오는가 싶더니 어느덧 날이 개었다. 여느 때처럼 운동을 하고 저만치 탁자 위에 놓여진 책을 향해 걸어가던 길이었다. 그때 강렬한 느낌이 스쳐 지나갔다. 무언가 어두운 우물 속에서 한 줄기 빛을 본 듯한 기분이었다. 그 느낌은 시간이 갈수록 커져갔다.

그렇다. 드디어 나는 내 과거에서 답을 얻었다. 그 무렵 나는 군 시절에서 가장 행복했던 순간을 떠올리고 있었다. 그리고 그때서야 나는 내가 참모보다는 지휘관 생활을 할 때 더 큰 성취감을 느꼈다는 것을 깨달았다.

사관학교를 졸업한 뒤 소대장이었을 때의 일이다. 그 시절 나는 약 30명 정도의 소대원들을 거느렸는데, 그 중에는 한글도 못 읽는 사람은 물론 감옥을 거쳐 흘러든 병사들도 있었다. 그리고 그런 소대원을 아랫사람으로 다룬다는 건 결코 쉬운 일이 아니었다.

당시 선배들은 이렇게 말했다.

"아침에 일어나면 화장실 한번 점검해봐라."

"네?"

"그래야 전날 밤 몇 명이나 피똥을 쌌는지 알 수 있지."

물론 선배들이 말한 화장실은 간이 야외 화장실, 즉 우리 식으로 푸세식이라고 부르는 곳이었다. 근처만 가도 오물 냄새가 확 끼치고 여름만 되면 구더기들이 들끓었다. 그런 화장실을 매일 아침밥도 먹기 전에 들여다보라니 얼마나 황당했겠는가. 그러나 자초지종은 이러했다.

당시의 군대 시설은 지금과는 비교할 수 없을 정도로 열악했다. 따라서 훈련 때에도 아무 곳에나 주저앉는 바람에 유독 치질 환자들이 많았다.

심지어는 나까지도 치질 수술을 받아야 할 지경이었으니 말이다. 따라서 매일 아침 화장실을 점검하는 것은 사병들의 건강 점검과 다름없었다.

또 한번은 이런 일도 있었다. 당시에는 순찰이 굉장히 엄격하게 진행되었다. 또한 순찰을 돌려면 먼저 초소에 누가 있는지를 대략 알아야 했다. 그러나 이상하게도 병사들은, 열심히는 하지만 무언가 어리숙한 구석이 많았다. 그럴 때 대다수의 소대장들은 미덥지 못한 마음을 드러내기라도 하듯 이렇게 묻곤 했다.

"이 일병. 너 보초수칙 3번이 뭔지 아나?"

이때 병사들의 답변은 천편일률적이다.

"네, 잊었습니다!"

그럴 때 병사들이 느끼는 것은 오직 두려움뿐이다. 그러나 그 순간 그들의 어깨를 툭 치며 "시집간 누나는 잘 지내냐?"라고 물으면 효과 백배다. 어떤 병사는 고단함 때문인지 정말 슬퍼서인지는 모르지만, 금방 감정이 북받쳐 눈물을 흘린다. 그간 굶주렸던 관심과 사랑을 보상받고 싶은 것이다.

그리고 그럴 때 "수고해"라고 말하며 뒤돌아 나오면, 어김없이 마음속에서 우러나오는 "충성!" 하는 우렁찬 목소리가 들려온다.

과거는 곳곳에 해답이 숨어 있는 미답의 땅이다. 보다 정확히 해답을 찾고자 한다면, 과거의 지도를 그려보라. 그리고 목표를 가지고 과거의 땅을 파헤쳐라.

그때는 일반 병사들 막사는 물론, 소대장 막사도 변변치 못했다. 편한 잠자리는 먼 나라 이야기였다. 한때는 흙벽돌로 지어놓은 막사에서 겨울을 보내다가 연탄가스 중독에 쓰러져 병원 신세를 지기도 했다. 또한 지금은 철책선으로 둘러져 있지만, 당시만 해도 나무를 몇 미터씩 쌓아 DMZ를 나누었기 때문에, 그 대공사를 하고 나면 으레 녹초가 되었다.

내게 소대장 시절은 결코 잊지 못할 시간이었다. 병사들과 내무반, 훈련장, 작업장을 동분서주하며 차곡차곡 쌓여간 정은 무엇과도 바꿀 수 없는 귀중한 선물이었다.

그러나 계절에도 걸맞은 옷이 있듯이, 중대장이 되자 소대장과는 또 달랐다. 중대장들은 전 중대원들의 관리에 신경을 써야 할 뿐만 아니라, 그들을 지휘하는 소대장들에 대해서도 고민해야 한다.

특히 대대장의 자리에 올랐을 때는, 먼 곳에 있는 중대장들을 효과적으로 지휘하는 데 어려움을 겪었다. 그리고 연대장이 되어서는 '어떻게 참모들을 활용해 지휘관들을 지원해줄까' 때문에 더 많은 생각을 하게 되었다.

모든 것을 보건대 나는 아랫사람들을 관리하는 체계적인 질서에 관심이 많았던 것 같다.

그리고 마지막으로 사령관이 되었을 때에는 한 병과의 총책임자로서 장기적인 전략, 무기 체계와 정책 방향, 포괄적인 흐름의 파악, '윗사람과 아랫사람의 뜻이 같으면 승리한다'는 지휘 방침에 대해 고민했다.

하지만 이 모든 것을 통틀어, 결코 잊지 못할 순간은 바로 월남전의 중대장 시절이었다. 나는 평생 이토록 큰 기쁨과 슬픔을 동시에 맛본 적이 없었다.

당시 나는 중대장으로 부임하자마자 큰 사고로 소대장과 몇몇의 병사들을 잃었다. 게다가 죽은 소대장은 월남전 참전 경력 1년이 넘은 매우 유능한 장교라 더욱 안타까움을 샀다. 당시 나는 막 중대장에 부임한 때였고, 그곳 사정을 잘 아는 그에게 전적으로 임무를 일임했다. 그리고 사고는 바로 그 때문에 벌어졌다.

그때부터 나는 중요한 임무를 타인에게 위임하려면 적어도 그 사람의 역량에 따라서 적절한 위임 수준을 정해놓아야 한다는 것을 깨달았다. 그때의 충격은 이루 말할 수 없었다. 나는 유능한 장교와 사병들을 잃었다는 것보다, 내 불찰이 그들을 죽음으로 이끌었다는 죄책감에 시달렸다. 그리고 지금까지도 기도할 일이 생기면 반드시 그들을 생각한다. 어쩌면 목숨이 다하는 날까지 이때 일을 잊지 못할 수도 있다.

또한 나머지 기간 동안 근무하면서도 많은 것을 배웠다. 작전 지역에서 병사들과 직접 부딪쳤던 일들, 월남군들과의 합동 작전 등은 새로운 경험이 되었다.

상처 입어본 맹수가 더욱더 맹렬해지듯이, 치열한 경험은 그 자신을 보다 강하게 만든다.

작전지역에 투입되지 않을 땐 매일 오후 5시 하기식이 끝나고, 운동복 차림으로 매일같이 한 시간씩 투구를 했다. 두 편으로 나누어 럭비공 두 개로 상대 팀을 공략하는 게임을 하다 보면 나도 모르게 병사들과 혼연일체가 되는 느낌이었다. 특히 우리 중대는 단합심이 뛰어났다. 우리는 사격 대회든 배구시합이든 번번이 승리를 따냈다.

그런 경험들을 가만히 되돌아보니 나도 모르게 미소가 번졌다. 한때 죽음에 가까운 고통이 있었다 한들, 그 시간은 이제 그 무엇과도 바꿀 수 없는 진귀한 보물이 되어 있었다. 그 순간 나는 한 가지 사실을 깨달았다.

'그렇다. 지휘는 내 실력을 가장 잘 발휘할 수 있는 분야였다. 다시 말해 나는 리더십을 발휘할 때 가장 좋았던 거구나.'

결국 나는 스스로의 장점을 '리더십'이라 결론지었다. 하지만 내가 원하는 리더십은, 권위주의와는 다른 뜻이었다.

리더십은 권위주의와는 전혀 다른 개념이다. 권위주의는 무언가를 시키고 그것을 받아들이게 만들어 답을 구하지만, 리더십은 무언가를 제시하고 행하도록 만들면서 답을 구한다.

그럼 군대에서는 잘 돌아가던 엔진이 왜 사회에서는 무력했을까?

하지만 성급한 생각은 금물이었다. 이젠 먼지 끼고 낡아 멈춰버린 엔진을 잘 닦고 기름칠을 해야 했다.

마음을 정리하고 자리에서 일어서는 순간, 나도 모르게 박수를 딱 쳤다. 이번엔 절대 잘못 선택하지 않았다는 확신이 들었기 때문이다.

파트너

나는 가장 먼저 전화기를 찾았다. 이 사실을 정 코치에게 알려야겠다는 생각에서였다. 나는 인사도 생략하고 입을 열었다.

"정 코치님, 한번 물어봐주십시오. 정말로 하고 싶은 일은 무엇이냐고 말입니다."

내 목소리에서 싱글벙글하는 기운이 느껴졌는지, 정 코치는 곧바로 내 말을 따라주었다.

"그럴까요? 자, 질문하겠습니다. 장군님이 정말로 하고 싶으신 일은 무엇이죠?"

나는 깊은 숨을 들이쉰 뒤 또렷하게 대답했다.

"사람들에게 리더십을 가르치는 일입니다."

잠시 침묵하던 정 코치가 다시 질문을 던졌다.

"그럼 그런 생각을 하게 된 배경은요?"

나는 수화기 너머 그녀의 얼굴이 보이기라도 하듯 크게 고개를 끄덕였다.

"네, 이곳에 있는 동안 곰곰이 생각했습니다. 가장 행복했던 시절이 언제였는가 하고 말입니다. 그리고 저는 깨달았습니다. 이전의 지휘관 시절, 그때의 리더십이야말로 저를 키워낸 원천이었다고 말입니다."

내 대답을 들은 정 코치의 목소리는 한층 밝아졌다.

"그럼 그것을 확신하게 된 동기는 무엇이지요?"

"가만히 생각해보니 저처럼 다양한 경험을 한 사람도 드물 것 같더군요. 전 부소대장부터 시작했습니다. 그리고 이후 소대장, 중대장을 거쳐 한 병과의 최고사령관까지 이르렀지요. 한마디로 저는 일반 리더십 강사들은 물론, 일반 군대의 지휘관들도 쉽게 경험할 수 없는 다양하고 조직적인 리더십을 경험한 셈이 됩니다. 물론 그 중에는 성공한 리더십도, 실패한 리더십도 있었습니다. 이 정도면 리더십 강사로서 괜찮은 자격 조건이 아닐까 싶군요."

"좋습니다. 제 생각도 그렇습니다. 리더십에 관한 강의는 수없이 많지만, 다양하고 체계적인 경험을 가지신 분은 매우 드물지요. 그래서 강의가 더더욱 이론 중심으로 흐르는 거고요."

하지만 나는 확신을 가지기 전에 다시 한 번 정 코치의 의견을 듣고 싶었다.

"저…… 정 코치님, 진심으로 그렇게 생각하시는 겁니까? 과연 이 발견을 내가 원하는 일의 토대로 삼을 수 있을까요?"

정 코치는 부드럽게 물었다.

"저는 장군님 생각을 묻고 싶군요."

"저는 확신이 있습니다만……."

"그럼 행동하는 일만 남았네요."

정 코치의 확신 어린 대답을 듣는 순간, 나는 어깨의 무거운 짐을 몽땅 벗어버린 기분이었다.

"정 코치님께서 그렇게 생각하시다니 무척 기쁩니다. 한 일 주일 있으면 돌아갈 것 같습니다. 만나서 구체적인 얘기를 나누고 싶군요."

"그러죠. 그런데 오시기 전에 한 가지 하실 일이 더 있습니다."

그녀의 말에 나는 잠시 숨을 죽었다. 이윽고 정 코치가 입을 열었다.

"리더십을 통해 직업을 찾고자 하셨죠? 그럼 그 직업을 통해 이루고 싶은 것은 무엇입니까? 다시 말해 인생의 목적을 어디에 둘 지 다시 한 번 생각해봐야 할 것 같군요."

"사실 지금 스티븐 코비의 《First Things First : 소중한 것을 먼저하라》라는 책을 읽고 있는데, 혹시…… 거기에 나오는 'Mission Statement'라는 말과 비슷한 뜻 아닌가요?"

"맞습니다. 일반적으로 '사명서'라고 하지요. 우연히도 그 책을 가까이 두고 계셨군요. 조짐이 좋은데요. 어쨌든 그 사명서에 따라 앞으로의 인생을 고민해보시면 좋을 것 같네요. 다음 만남을 기대하겠습니다."

"알겠습니다. 한번 생각해보도록 하겠습니다."

그 다음부터 나는 남은 일 주일 동안 끊임없이 정 코치가 내준 과제를 구체화시키는 데 몰두했다.

리더십 엔진을 통해서 어떤 의미를 얻을 것인가? 단순히 직업으로 돈을 버는 것 외에 무엇을 얻을 수 있을까? 내 경험을 인용해 후배들에게 길을 터주는 것이 과연 얼마나 큰 의미가 있는 일일까? 아니, 내 인생의 목적은 과연 어디에 있을까?

수없는 고민이 스쳐지나갔다. 머리가 무거워지면 눈을 크게 뜨고 나뭇잎들이 바람에 흔들리는 것을 지켜보았다. 그러다가 또다시 마음이 복잡해지면 깊은 심호흡을 했다. 그처럼 수많은 고민을 하는 순간, 나는 어느새 젊음을 되찾은 기분이었다.

진지한 고민은 시간을 무색하게 만든다. 순간에 충실할 때, 그리고 미래를 바라볼 때 당신은 언제나 청춘이다.

그러던 와중 나는 지금의 고민을 좀더 광범위한 시각에서 바라볼 필요가 있음을 느꼈다. 다시 말해 내 개인적인 의미를 넘어서는 공적인 의미를 찾아야 했다. 어떤 유산으로 남길 만한 의미있는 것. 어쩌면 그것이 내가 원하는 바인지도 몰랐다. 다른 이들에게 리더십을 전파하고, 그 사람이 목표를 이룰 수 있도록 도와준다면?

나는 '사명'이라는 무거운 말을 좀더 실질적으로 바라보기로 했다. 리더십을 통해 다른 사람들의 삶의 목표를 돕는 것, 그것이 바로 내 사명, 내 비전으로 삼고 싶었다.

맞아! 바로 그거야. 그 비전을 위해 나의 나머지 삶을 완전히 소진시키고 웃음으로 나의 삶을 마칠 수만 있다면, 내가 다른 사람들에게 어떤 가능성을 유산으로 물려줄 수 있다면 나는 그들의 마음속에 내내 살아 있을 것이라는 기대감도 함께 하면서.

그리고 드디어 휴양지 생활을 끝내고 돌아오자마자 정코치에게 연락을 취했다.

"저 돌아왔습니다."

"네, 기다리고 있었습니다. 좋은 여행이셨기를 바랍니다."

"좋은 여행 이상이었습니다. 제 인생을 바꾼 좋은 전기가 된 것 같습니다."

"다행이군요. 그럼 언제쯤 만나 뵙는 것이 좋을까요?"

"내일 모레쯤 당장 뵙는 건 어떨까요?"

"죄송합니다만, 그땐 출장이 있어서요. 참, 사명도 정하셨다고 하셨나요?"

"네, 정했습니다."

"그럼 저를 만나시기 전에 다시 일 주일간 구체적인 구상을 해보시기 바랍니다. 리더십 분야에도 여러 가지 분야가 있으니까요. 예를 들어 학교에서 가르치는 것도 있고, 사회 교육 프로그램도 있고, 외국에서 하는 프로그램도 있습니다. 그 중 어떤 분야가 어울릴지 고민해보시는 것이 좋을 것 같군요."

"그런 건 사실 코치님께서 더 잘 알고 계시지 않을까요. 전 통 그쪽에는……."

"솔직히 말씀드리면 저도 리더십 프로그램에 통달한 것은 아닙니다. 아마 주변에 이리저리 수소문해보면 알 수 있을 거예요. 다음주에 만나서 얘기를 더 해보도록 하지요."

"그럼 그렇게 할까요. 최대한 노력해보겠습니다."

그렇게 새로운 과제를 안고, 나는 다시 일 주일이라는 시간을 보내야 했다. 처음에는 막막한 느낌이었지만, 역시 관심을 가지니 길이 보이는 듯했다. 어느 화창한 날, 우연히 신문을 보다가 리더십 프로그램 광고를 보게 된 것이다. 그런데 더 놀라운 것은 그 다음이었다. 강사 사진이 나와 있는데, 이게 웬일인가. 다름 아닌 군 후배가 아닌가. 나는 신문을 툭 치며 웃음을 터뜨렸다.

'허허, 이 친구 봐라. 나보다 한발 앞섰구먼.'

역시 신문에는 전화번호까지 나와 있었다. 나는 그간의

소식도 전할 겸 그에게 전화를 건 뒤, 쇠뿔도 단김에 빼자는 생각으로 다음날 곧바로 그의 사무실을 찾아갔다.

그리고 이런저런 얘기 도중 S사에서 진행하는 프로그램이 도움이 될 것이라는 말을 듣고, 곧바로 그 프로그램에 등록했다. 그런데 이건 또 웬일인가.

'목표를 설정한 뒤 체계적으로 그것을 이뤄나가는 방법'이라는 문구가 어쩐지 익숙하다 싶더니, 군대에서 내내 하던 프로그램이 아닌가.

몸으로 부딪치는 순간, 과도한 상상에 의한 장애물은 사라진다. 아무리 두렵고 어려운 일도, 막상 시작해보면 가장 잘할 수 있는 일일 때가 많다.

하지만 다른 참가자들은 새로운 느낌을 받는 듯했다. 그러자 문득 엉뚱하지만 이런 생각이 들었다.

'혹시 나도 이런 프로그램을 할 수 있지 않을까?'

코칭 어드바이스

변화에도 준비의 과정이 필요하다

1. 변화에 대한 자신의 열정이 무모한지 계획적인지 숙고해보았는가?

2. 단시간 내에 모든 것이 이루어질 것이라 생각지는 않았는가?

3. 일단 시작하면 끝을 보았는가?

3장

목표의 진행

The
great
choice

나는 어떤 새나 꽃이 되고 싶은가?

이 프로그램이 내게 전혀 도움이 되지 않았던 것은 아니다. 진리는 아무리 오랜 세월이 흘러도 변하지 않기 때문이다. 나는 이 강의를 통해, 다소 산만했던 내 실행 방법을 보다 구체화시키는 이득을 얻었다.

다시 말해 나는 이 프로그램을 통해 몇 가지 새로운 사실을 발견했다. 알고 보니 그 후배는 직접 강의를 하기보다는 소위 영업에 중점을 두고 있었다.

'아하, 그럴 수도 있겠구나.'

하지만 내가 원하는 일은 직접적인 만남이었다. 다시 말해 내 경험을 토대로 다른 이들의 목표 달성을 도와주는 것 말이다. 또한 교육을 받는 동안 좋은 정보도 많이 얻었다.

이 프로그램 참가자들의 대다수가 기업체 이사들이거나 학계 인사들이었으므로 자연히 그들과의 대화에서도 얻을 것이 많았다.

그 중 특히 상담 심리에 대해 공부하는 한 학생은 여러모로 내게 도움을 주었다. 나는 자연스레 그에게 호감을 가지게 되었고, 어느 날 솔직하게 질문을 던졌다.

"상담 심리 공부가 그렇게 좋은가?"

"그렇습니다. 다른 사람을 돕는 즐거움은 그 무엇과도 비교할 수 없지요."

"그럼 나 같은 사람이 쉽게 접근할 수 있는 상담 프로그램은 없을까?"

"음…… 만일 학점 받는 게 목적이 아니시라면 서강대 평생교육원 프로그램도 도움이 될 것 같은데요."

또한 이외에도 수많은 참가자들이 친절하게 많은 정보를 건네주었다. 나는 그들을 통해, 프로그램의 종류가 생각보다 훨씬 다양하다는 것을 깨달았다. S사와 연결된 또 다른 L프로그램은 물론이거니와, D연구소나 K리더십센터를 발견한 것도 실로 큰 소득이었다. 그 중 특히 K리더십센터는 자연스레 내 흥미를 끌었다.

<u>주변의 밧줄, 즉 사람에 주목하라. 길든 짧든 그 밧줄들은 당신의 삶을 건지는 중요한 도구가 되어줄 것이다.</u>

그러던 와중 청년시민단체에 소속된 한 젊은 친구를 만났다. 그는 친절함이 몸에 배인 사람이었으며, 인품 또한 뛰어났다. 나는 자연스레 그에게 깊은 애기까지 털어놓게 되었다.

"사실 난 리더십 프로그램에 관심이 많다네. 비록 꿈이지만 앞으로 사람들을 가르치고 싶어."

"어떤 사람들을 대상으로요?"

"뭐 특별히 어떤 계층을 대상으로 하는 건 아니라네. 사실 그런 것은 별로 중요하지 않지."

"KYC(한국청년연합회)에 프로그램이 하나 있는데, 그걸 들어보시는 건 어떨까요?"

"좋지. 지금은 별다른 일을 하고 있지 않으니 리더십에 관련된 프로그램이라면 사실 다 들어보고 싶네."

"그러면 제가 등록을 해드리죠."

그렇게 해서 나는 시내의 한 건물에서 1박 2일로 진행되는 KYC 프로그램에 참가하게 되었다. 그리고 그것은 내게 매우 색다른 경험이 되었다.

그도 그럴 것이 그 프로그램에 참가한 사람들은, 내 인간 관계로서는 만나기 힘든 이들이었다. 대다수가 시민단체, 즉 군대식으로 보자면 소위 '운동권'이라고 불리는 사람들이었던 것이다. 나는 그들의 틈바구니에서 강의를 들으면서 많은 것을 깨달았다.

사실 나는 그들의 시선으로 보자면, '보수'에 가까웠다. 내 정치적 견해는 늘 여당에 편중되어 있었고, 그들은 엄밀히 말하면 국가 기본질서의 정반대편에서 투쟁하는 사람들이었기 때문이다. 막상 그들은 아무렇지 않게 생각하는데, 내 스스로 움츠러드는 느낌이었다. 그러나 그것도 잠시였다.

강의 내내 그들의 이야기를 듣고 대화를 나누면서 나는 한국의 미래가 밝다는 것을 느꼈다. 그들은 확실한 신념과 비전으로 세상을 바라보는 사람들이었다. 그리고 어색한 감정이 사라지면서 내 태도도 놀랄 만큼 적극적으로 변해갔다. 나는 자발적으로 발표에 참여하면서도 내가 가진 것들을 내세우지 않으려고 노력했다. 나이가 많든 적든, 보수

이든 진보이든, 경험이 많든 적든, 그 순간 우리는 동등한 선상에서 토론하는 동지였다.

또한 강의의 질도 매우 높았다. 잘 기억나지는 않지만 특히 한 강사가 던진 질문은 마음 깊이 남았다. 그는 이렇게 물었다.

"당신은 지금 어떤 새나 꽃의 모습을 하고 있습니까? 그리고 앞으로 어떤 새나 꽃이 되고 싶습니까?"

이 질문에 어떤 이는 장미를, 어떤 이는 벌새를, 어떤 이는 아카시아를, 또 어떤 이는 참새를 떠올렸을지도 모른다. 나는 질문에 집중하며 내 현재를 돌아보았고, 그 과정에서 스스로의 목표를 다시 한 번 생각해볼 수 있었다. 그리고 강의가 끝난 뒤 사람들은 제각각 자신이 되고 싶은 꽃과 새의 이름을 적고, 그렇게 생각하게 된 연원을 사람들과 나누었다.

그 신선한 토론을 바라보며, 나는 모두가 각자의 이유와 목표를 가지고 있음을 새삼 깨달았다. 그들과 나는 하나같이 다르고 개성도 뚜렷했지만, 하고자 하는 것을 향해 나아간다는 점에서는 다를 바가 없었다.

잠시 후 강사는 다시금 시간과 자원이 많다면 '무엇을 하고 싶은가', '무엇을 이루고 싶은가', '무엇을 유산으로 남겨주고 싶은가'에 대해서도 생각을 나누도록 유도했다.

우리는 새벽 두세 시가 가깝도록 맥주잔을 기울이며 많은 이야기를 나누었다. 사실 권위적이고 행정적인 군 출신인 나로서는 아무 허물없이 이야기를 나눈다는 자체가 매우 어려웠다. 하지만 어느덧 나는 그들에게 농담을 던지고, 즐거운 얘기에는 껄껄 웃고 있었다.

사회에서의 리더십 프로그램은 바로 이런 자유로운 분위기 속에서 이루어져야 했다. 자유롭지만 합리적이고, 개성이 강하지만 서로가 조화를 이루는 그런 리더십 프로그램을 만들 수만 있다면…….

그렇게 아쉬운 1박 2일이 지나고, 나는 한 가지 글귀를 가슴에 담고 집으로 향했다.

동사섭(同事攝).

이것은 불교 수행의 일부로, 마음을 알고, 마음을 관리하고, 마음을 나눔으로써 지극히 투-욱 트인 기분 상태로 높은 행복을 추구해가는 것을 말한다. 달리 표현하면, 고통받는 사람을 보면 함께 아파해주고, 누군가 어려움에 처해 있다면 함께 그 어려움을 감당해주라는 이야기다.

얼마 후 약속한 일 주일이 지나, 정 코치에게 전화를 걸었다.

"코치님, 내일쯤 뵙는 건 어떨까요."

"좋습니다. 시간은 어떻게 할까요? 그때 그 장소에서 뵐까요?"

"그러죠."

그리고 그녀와 마주치자마자 나는 기다렸다는 듯이 속사포처럼 이야기들을 쏟아냈다.

"알아보니 여러 가지 프로그램들이 있더군요. 그 중에서 리더십을 전문으로 가르치는 K리더십센터라는 곳도 있고, D연구소라는 곳도 있더군요. 어쨌든 한 친구의 권유대로 서강대 상담 심리를 가장 먼저 들어볼 생각입니다."

"왠지 장군님의 목표에 한층 가까워진 느낌이 드는군요. 그런데 굳이 상담 심리 과목을 택하시려고 하는 이유가 뭡니까?"

"심리학을 모르고서는 제대로 된 리더십을 펼칠 수 없을 것 같아서입니다. 사실 리더십 프로그램들에도 상담 심리가 포함되어 있지 않습니까?"

"또 다른 이유는 없습니까?"

"사실 기회만 닿는다면 리더십 강의 외에 상담일도 하고 싶어서요."

"그러시군요. 역시 장군님께서는 남들보다 더 큰 욕심을 가지고 계시는군요. 처음 만날 때부터 느꼈지만 말입니다. 좋습니다. 그럼 구체적인 계획을 세우셨는지요?"

나는 잠시 주춤했다.

"글쎄요, 정확히 뭘 말씀하시는 건지?"

"한마디로 어떤 프로그램을 언제 받을 것이며, 공부를 한다면 어떤 공부를 어디서 어떻게 할 것이고, 배운 것을 어떻게 활용할 것인지, 그리고 회사에서 일을 할지 아니면 직접 회사를 하나 차릴지 등등입니다."

나는 묵묵히 고개를 끄덕였다.

"그렇군요. 미처 그 부분은 생각지 못했습니다. 지적 감사드립니다. 그 부분은 K리더십센터를 갔다 온 뒤 결정해야겠습니다."

정 코치는 잠시 침묵을 고수하다가 다시 입을 열었다.

"그리고 이것은 좀 별도의 질문입니다. 아주 중요한 부분이기도 하고요. 장군님께서는 장군님의 사명, 즉 개인적인 경험으로 타인을 도와주는 것만을 목표로 삼고 계신지요.

다시 말해 어느 정도의 수입을 원하시는지 궁금하네요. 혹시 생각해보셨나요?"

나는 고개를 저었다.

"아직 그런 것은 생각지 못했습니다. 코치님 말씀을 듣고 보니, 사실 경제적인 요건도 무시할 게 못 되는군요. 이때까지 저는 그저 '이 일을 하면 일정한 수입이 들어오겠구나' 라고만 생각했으니까요. 어쨌든 중요한 것은 내 목표이고, 돈은 그에 따른 부산물이 되었으면 하는 바람입니다."

"좋습니다. 아주 올바른 생각입니다. 그럼 지금부터 얻고자 하는 것들에 대해 구체적으로 생각해보기로 하지요."

생각과 성찰은 여러 갈래로 길게 뻗은 복도와 같다. 하나의 문을 열고 다른 복도로 나가면 자연스레 또 다른 문을 열게 된다. 단시간에 생각하는 습관을 버려라. 생활 자체가 성찰이 되게 하라.

정 코치는 다시 손가락을 꼽으며 말했다.

"자, 이런 겁니다. 첫째, 어떤 사명을 어떤 일로 이루고 싶은가. 둘째, 경제적인 목표는 어느 정도인가. 셋째 그걸 통해 어떻게 사회적 활동을 진행할 것인가. 바로 이러한 선택들이 지금 장군님께 필요합니다. 물론 프로그램 선택이나 회사 선택에도 해당되는 이야기고요."

나는 힘 있게 고개를 끄덕였다.

"네, 무슨 말씀인지 알겠습니다. 코치님을 만나면 내 안의 숨겨진 가능성이 하나둘씩 드러나는 것 같아 행복해집니다. 앞으로도 잘 부탁드립니다. 많이 도와주십시오."

정 코치는 입가에 웃음을 머금었다.

"하지만 장군님과 더불어 저도 많은 발전이 있었다는 점을 잊지 말아주세요. 코칭은 하는 사람에게나 받는 사람에게나 모두 유익하니까요. 참, 그리고 요즘은 업무가 좀 많아졌어요. 시간이 여의치 않으니 다음번에는 전화로 만나는 것이 어떨까요? 소위 '텔레코칭'이라고도 하지요. 이것은 코치와 코치를 받는 사람 간에 일정한 신뢰가 쌓이기 전에는 실행이 힘들지요. 그리고 지금 장군님의 말씀을 들으니, 저도 텔레코칭에 자신감이 생깁니다. 감사합니다."

순간, 나는 활짝 웃음을 터뜨렸다.

"아, 그렇게 되는 거였나요? 그럼 수업료를 도로 내셔야 하는 것 아닙니까? 하하."

"그런 셈인가요? 하하."

I Brand

그렇게 해서 여기저기를 수소문하다가 한 후배로부터 예기치 못한 대답을 들었다. 리더십 센터가 '원칙 중심'의 강의를 진행한다는 것이다.

나는 원칙이라는 단어를 듣자마자 힘이 쭉 빠지는 느낌이었다. 그런 건 군대에서도 얼마든지 들었던 얘기였던 것이다. 게다가 때로는 그 '원칙'이라는 말이 부정적으로 느껴질 때도 많았다. 예를 들어 원칙 중심의 지휘관이라 하면, 융통성이란 손톱만큼도 없는 독불장군을 떠올리기 십상이었다. 그런 이들은 일단 마음을 정하면 남의 의견은 들으려고도 하지 않고 늘상 규정과 방침에 얽매여 있곤 했다.

나는 조심스레 후배에게 내 의견을 피력했다.

"사실 나는 원칙이라는 것에 대해서라면 신물이 나는 사람인데…… 글쎄, 어떨지 모르겠군."

그러자 후배는 내 대답을 예상이라도 한 듯 수월하게 답했다.

"하하, 그러실 줄 알았습니다. 하지만 전화 상으로는 일

일이 설명드릴 수 없으니, 아무래도 직접 워크숍을 받아보시는 게 나을 것 같습니다."

지난번에 정 코치도, 일단 알기 위해서는 몸으로 부딪쳐야 한다고 말한 바 있었다. 또다시 후배에게서 같은 이야기를 듣고 나니, 이 분야의 사람들은 말보다는 행동과 움직임에 더 큰 신뢰를 가지고 있다는 것을 알 수 있었다. 나는 흔쾌히 그러겠다고 대답했다.

이어서 후배는 내게 '성공하는 사람들의 7가지 습관'이라는 프로그램을 소개해주었다.

"익숙한 제목이군. 왠지 리더십보다는 일종의 처세술 같은 느낌이 드는데."

후배는 또다시 짧은 웃음을 터뜨렸다.

"그럴 수도 있겠군요. 하지만 일단 받아보시면 색다른 철학이 있다는 것을 알게 되실 겁니다. 이 프로그램은 습관뿐만 아니라, 내면의 변화를 유도해 외적인 모습을 바꾸는 프로그램이니까요."

"미국 프로그램이라고 했던가?"

"네, 미국 프로그램이긴 하지만 동양철학 개념과도 상당한 연관이 있습니다."

동양철학이라는 단어를 듣는 순간, 왠지 호감이 느껴졌다. 결국 나는 곧바로 K리더십센터에 전화를 해 자료를 요청해 꼼꼼히 읽어본 뒤, 등록을 했다.

부족한 것은 배움으로 메워나가라. 하나하나의 지식이 사전을 이루듯이, 지식의 연결고리를 잘 찾아 집중적으로 투자하라.

그렇게 해서 나는 새로이 '성공하는 사람들의 7가지 습관'이라는 프로그램에 참여하게 되었다. 적극적인 추천을 받은 만큼 그 내용 또한 나를 실망시키지 않았다.

이 프로그램은 후배의 언질대로 동양적 사상, 즉 '수신제가 치국평천하'라는 동양의 리더십 개념을 내면에서 시작하여 외면을 강화하는 개념으로 발전시킨 것이었다.

특히 이 프로그램에서 제시한 세 가지 개념은 내 주의를 톡톡히 끌었다. 그 중 첫 번째는 인사이드 아웃, 즉 내면에서 외면으로 발전하는 과정, 두 번째는 성품을 바탕으로 한 것이었다. 상당히 동양적인 느낌이었다. 겉보기에 바르고 말 잘하는 사람치고 인자한 사람은 없다는 뜻과 같으니 말이다.

그리고 그 다음 세 번째가 바로 '원칙 중심'이었다. 그러나 이 원칙은 내가 알던 통념과는 사뭇 달랐다. 이것은 자연법칙과 같은 불변의 진리를 기초로 하는 새로운 질서를 의미했다.

예를 들어 히틀러와 처칠을 보자.

두 사람은 모두 그 시대에 걸맞은 강력하고 확고한 비전을 가지고 있었다. 그러나 히틀러가 자신의 저서 《나의 투쟁》에서 독일을 중심으로 하는 천년 제국이 도래할 것이라는 뜬구름 같은 얘기를 주장한 반면, 처칠은 분명한 가치 위에 세워진 강력한 제국을 역설했다.

역사가 말해주듯이, 히틀러의 경우에는 그 비전을 실천하기 위해 잘못된 가치관을 내세웠다. 한마디로 그의 가치관은 비원칙적이었다. 그러나 처칠은 원칙 중심의 가치관으로 자신의 비전을 이뤄냈다. 그것이 바로 히틀러와 처칠의 차이였다. 그리고 히틀러는 결국 자멸했다.

이 프로그램은 성품을 바탕으로 내면에서 외부로, 원칙 중심의 개념들을 제시했고, 바로 그 점이 내 마음을 사로잡았다. 그리고 개념들은 군 생활이라는 내 과거와도 제법 잘

맞아떨어졌다. 내 지난날의 다양한 경험들을 이 개념과 연결시켜 보다 손쉽게 이해할 수 있었던 것이다.

얼마 후 나는 이 센터에 강사 과정이 있다는 것을 알고, 도전해보기로 했다. 그리고 바로 내 뜻을 정 코치에게 알렸다. 정 코치는 적극적으로 내 결정을 지지하면서도 우려를 내비쳤다.

"그렇습니다. 제 생각에도 일단은 그 과정을 거쳐야 할 것 같군요. 그렇다면 준비는 마치셨나요? 예를 들어 돌발 상황에 대한 대비 같은 것 말입니다."

아무래도 정 코치는 지난번의 내 잘못된 선택을 염두에 두고 있는 눈치였다.

"이번에는 단단히 준비하도록 하겠습니다. 일단 이 강사 과정을 밟고 나서, 그 원조 국가인 미국에서 워크숍에 참가해볼 생각입니다. 그럼 좀더 객관적인 시각을 가질 수 있겠지요. 아무리 그 프로그램이 동양적인 개념이라 한들, 원래는 미국 프로그램 아닙니까?"

"좋은 생각입니다. 발 빠른 사람만이 살아남는다는 것을 깨달으셨군요."

그렇게 얼마간의 시간이 흘렀다. 나는 서둘러 강사 과정인 퍼실리테이터(Facilitator) 교육 과정에 참여했다. 처음에는 구별이 힘들었지만, 사실 퍼실리테이터는 강의자와는 상당히 달랐다. 다시 말해 이것은 프로그램 진행자, 즉 워크숍을 이끌어가는 사람을 일컫는 말이었다.

강의를 받다 보니 시야도 넓어지는 듯한 느낌이 들었다. 좀 주제넘긴 했지만 저 강사가 제대로 하고 있는지, 내가 나중에 강사가 되었을 때에는 어떻게 할 것인지 하는 생각이 꼬리에 꼬리를 물고 이어졌다. 그러자 계획도 한층 구체적으로 변화해갔다.

'좋아! 일단은 한 프로그램만 전문적으로 파고들자. 그런 다음에 그와 관련된 여러 프로그램을 하는 것도 괜찮을 것 같다. 이게 바로 인사이드 아웃 아닌가.'

그렇다. 세상사 원리는 어차피 다 비슷했다. 어떤 한 분야에서 완전히 전문가가 되면, 다른 리더십 프로그램에서도 그 원리를 적용할 수 있었다. 결국 나는 '성공하는 사람들의 7가지 습관'이라는 프로그램 전문가가 되기 위해 퍼실리테이터 과정을 마친 다음, K리더십센터 K대표이사에게 면담을 청한 뒤 차분히 내 생각을 말했다. 반응은 의외였다.

"좋습니다. 장군님이시라면 얼마든지 환영합니다. 하지만 제가 모든 보장을 해드릴 수 있는 것은 아니지요. 아무리 많은 경험을 하셨다 한들 그 경험이 얼마나 깊고 다양한지, 그리고 그것을 리더십 분야와 어떻게 잘 연결시켜 나갈 수 있을지 아직 저희도 확신할 수 없으니까요."

그의 말은 맞았다. 나는 고개를 끄덕였다.

"그렇겠군요."

"그리고 기업의 성공 여부를 고객이 결정하듯이, 강사로서의 성공도 참가자들이 결정합니다. 따라서 장군님도 이제는 군대가 아닌 사회에서 필요한 'I Brand', 즉 자기만의 브랜드 가치를 키워야 합니다. 고객들은 브랜드에 가치가 있을 때만 돈을 지불합니다. 물론 우리 회사의 전문위원으로서 활동하실 수 있는 자리는 마련해드리겠습니다. 다만 누구도 앞으로의 상황을 보장해드릴 수 없다는 사실은 염두에 두셔야 할 겁니다."

그리고 나는, 그 말이 얼마나 무서운 말인가를 여러 해가 지난 뒤에야 비로소 깨달았다.

코칭 어드바이스

목표의 실행은 긍정적인 사고에서 시작한다

1. 자신의 목표가 현실 가능한 것인지 숙고하라.

2. 단순한 꿈과 원하는 목표를 확실하게 구분하라.

3. 긍정적인 사고로 그 목표를 위한 적절한 동기를 찾아라.

난관에 부딪쳤다면 해결책에 주목하라

1. 스스로 일정한 시간 안에 이룰 수 있는 목표를 잡아라.

2. 난관에 부딪쳤을 때, 문제 자체보다는 해결책에 관심을 두어라.

4장

비전의 힘

The
great
choice

별을 그린 소년

내가 K리더십센터의 전문위원으로 일하게 되었다고 알리자 정 코치는 진심 어린 축하를 건넸다.

"아, 드디어 첫 번째 결실을 얻으셨군요! 축하합니다. 이제 방향을 설정하고, 목표도 잡았으니 몰입이 중요한 것 같군요. 어떤 방법으로 기초를 닦을 예정이신가요?"

"강의하시는 분들 중 김 박사님과 정 교수님이라는 분이 계시던데, 프로그램을 완전히 소화할 때까지는 심부름이라도 하면서 이분들을 따라다닐 생각입니다."

정 코치는 빙긋 웃었다.

"그런 각오라면 안 될 일이 없겠네요. 그렇다면 장군님의 비전은 뭡니까? 사명과 목표가 생기셨다면, 자연스레 비전에 대해서도 생각하셨겠지요?"

"글쎄요, 이런 것도 비전이라고 할 수 있을까요? 원칙 중심의 리더십을 완전한 내 것으로 소화해서 다른 사람들에게 가르치는 것, 그것이 제 목표이자 비전입니다."

"하지만 비전은 말 그대로 보이는 것을 뜻합니다. 그런 다짐을 하실 때 눈앞에 어떤 장면이 보이나요?"

"좀 형식적으로 대답하자면, 밝은 미래가 보인다고나 할까요."

"그보다 좀더 구체적인 비전, 그림은 없습니까?"

"그림이요?"

"네. 비전을 다른 말로 하자면 그림이겠지요. 원하는 모습이 그려진 비전, 다시 말해 마음속의 심상 말입니다. 음…… 예를 들어 오래전 사관학교를 들어가셨을 때 어떤 목표를 가지고 계셨죠?"

"그땐 장군이 되고 싶었습니다."

"그때 머릿속에 항상 떠올렸던 그림은 없었습니까?"

"지금 생각하니 재밌군요. 그때만 해도 눈을 뜨나 감으나 항상 별이 그려졌었죠."

"그렇습니다. 비록 단순하지만, 그게 바로 비전입니다.

한 이미지를 통해 20년, 30년 뒤의 모습을 그려보는 겁니다."

"그럼 비전과 목표는 뭐가 다른 겁니까?"

"목표는 좀더 구체적인 것입니다. 비전을 향한 징검다리라고 할 수 있습니다. 예를 들어 장군이 되려면 1단계 보직, 2단계 보직 등이 있지요. 그것이 바로 징검다리, 즉 목표입니다."

성공적인 삶은 방향 설정에서부터 결정된다. 여러 개의 밧줄이 하나의 완성된 형태를 이룰 때, 그것은 목표를 잡는 견고한 끈이 된다.

그러고 보니, 나는 어느새 그 시절을 까맣게 잊고 있었다. 내가 처음 별을 그리기 시작했던 소년 시절 말이다.

초등학교 3학년 때였다. 어느 날 학교를 다녀오는 길에, 전쟁이 터졌다는 고함 소리가 들렸다. 우리 가족들은 서둘러 시골로 피난을 갔다. 하지만 결과적으로 그 피난은 가나마나한 것이 되어버렸다. 낙동강 이남의 부산 지역을 제외한 전역이 전쟁터가 되어버렸기 때문이다.

지금도 그 시절을 돌이켜보면 온통 어려웠던 기억뿐이다. 우리 가족은 처음에는 집 근처의 시골에 몸을 숨겼다가, 인민군들이 가까이 진입했다는 소식을 듣곤 더 깊은 곳으로 도망쳤다. 그러다가 마땅히 머무를 곳을 찾지 못한 날은, 산속에서 굴을 파고 잠을 잤다.

연기가 나면 들킬 위험이 있었으므로 쌀가루, 생식으로 끼니를 때우는 건 물론, 그마저도 모자라면 밖에 나가 풀뿌리를 찾아 먹었다. 그리고 그렇게 흘러흘러 우리 가족은 마지막 피난처에 도착했다. 그야말로 첩첩산중의 작은 마을이었다.

밤이면 바람과 추위가 매서워, 여럿이 털 이불 비슷한 것을 덮고 웅크려 잤다. 그리고 아침이면 다시 산속으로 도망쳤다가, 저녁 무렵이 되어서야 돌아왔다.

그러던 어느 날이었다. 총소리가 격렬하게 들리는 듯싶더니 한밤중에 문을 박차고 인민군들이 들어왔다. 그때의 놀라움과 공포는 지금도 잊혀지지 않는다. 그들은 마을 주민들을 죄다 집 밖으로 끌어낸 뒤 청년들만 골라 데려갔다.

그곳에서 몇 개월간 피난 생활을 하던 도중 또다시 국군이 같은 곳을 점령했다. 그리고 또 시간이 지나면 인민군들이 들이닥치고, 또 국군이 들이닥치고…… 그렇게 몇 번을 오가는 동안 결국 마을은 불타버렸다. 언젠가 한번 찾아갔을 때, 마을은 이미 터까지 사라져 있었다.

그리고 바로 그 무렵, 까까머리에 늘 굶주림을 달고 살았던 한 소년의 운명을 바꾸어놓는 사건 하나가 일어났다.

그날 소년은 국군들이 포진한 능선을 따라 마을로 돌아가는 도중, 수많은 시신들이 산길에 널려 있는 것을 보았다. 시신들의 옷이 인민복이었는지 군복이었는지는 중요하지 않았다. 차가운 주검이 주는 무시무시한 느낌도 잠시, 소년은 그 주검들을 바라보며 문득 연민을 느꼈다. 한쪽에선 시신을 태우는 연기가 피어오르고 있었다.

그것을 바라보던 소년은 다시는 이 땅에 이처럼 참혹한 전쟁이 일어나지 않았으면 좋겠다고 생각했다. 그리고 어른이 되면 반드시 이런 전쟁을 막겠다고 결심했다.

얼마 후 소년은 다시 학교에 가려고 준비했지만, 집안의 상황이 좋지 않아 결국은 그 꿈을 포기해야 했다. 전쟁 중 아버지가 돌아가시면서 집안의 살림을 꾸려나갈 사람이 없었기 때문이다. 소년과 그 형제들은 결국 학교를 그만두고 여러 가지 장사를 시작했다. 신문 돌리기는 물론이었고, 시간 날 때마다 찐빵, 군밤, 아이스케키 등을 팔았다……

그 시절을 떠올리다 보면 지금도 뇌리에서 지워지지 않는 아픈 기억 하나가 있다. 아이스케키 장사를 할 때의 일이었다. 여름 장마 끝 무렵, 아이스케키 박스를 자전거 뒤에 싣고 방죽을 따라가던 중이었다. 비가 온 뒤라 길이 무척 미끄러웠고, 자전거에 익숙지 않은 나는 그만 아이스케키 박스, 자전거와 함께 도랑물에 처박혔다.

아픈 것은 둘째였다. 자전거는 망가졌고, 아이스케키는 물에 빠져 허무하게 녹아버렸다. 이 아이스케키가 얼만데 하는 생각에 눈물이 앞을 가렸다.

나는 처음으로 돌아가신 아버지를 원망했다. 살길이라도 마련해놓으시고 돌아가시지 하는 생각이 들었다. 아픔이나 슬픔보다는 미움의 눈물이 흘렀다.

그렇게 한참을 있다가 망가진 자전거가 눈에 들어왔다. 자전거 주인에게 얼이 빠질 정도로 혼날 일을 생각하니 도망이라도 치고 싶은 심정이었다. 나는 자리에서 일어날 생각조차 못하고 그만 바닥에 주저앉아 엉엉 울어버렸다.

그때였다. 한 아저씨가 지나가다가 나를 발견하곤 자전거와 아이스케키 박스를 끌어올려주었다. 그리곤 땟국이 흐르는 내 얼굴에서 눈물을 훔쳐주며 말했다.

"야 이놈아. 힘들겠구나. 그렇지만 지금은 누구나 다 힘들 때란다. 자, 힘을 내야지. 아저씨도 너만큼 힘들다, 녀석아."

어린 시절의 귀중한 경험은, 어려울 때마다 빛의 영감을 불러일으킨다. 희망의 원천 소년기를 소중히 여겨라.

순간 나는 울음을 뚝 그치곤, 그의 굵은 주름이 드리워진 얼굴을 하염없이 바라보았다.

그날 나는 아이스케키 주인에게 된통 혼이 난 뒤 아이스케키 박스까지 빼앗겼고, 결국은 아이스케키 장사 대신, 새벽에 일어나 신문을 돌리고 찐빵과 군밤을 팔았다.

찐빵을 팔던 중에 재밌는 일도 있었다. 아마도 기차역에 서였던 듯하다. 그날도 나는 나무판을 목에 걸고 그 위에 찐빵을 가득 얹은 뒤, 기차 손님들을 향해 "찐빵 있어요! 따끈따끈하고 앙꼬 많은 찐빵 사십쇼!"를 수십 수백 번 외치고 다녔다.

그러다가 한 열차 칸 앞에 주춤대고 섰는데, 한 무리의 청년들이 우르르 내리는 것이 아닌가. 가만히 보니 족히 한 부대는 될 듯한 젊은 군인들이었다. 그들은 내 앞에 서자마자 제각기 찐빵을 집어들고는 게 눈 감추듯 먹어치웠다. 또한 계산도 어찌나 전광석화 같았던지, 비록 찐빵은 다 팔렸지만 그냥 가버린 사람이 많아 본전치기도 안 되었다. 하지만 그때는 아이스케키를 도랑물에 빠뜨렸을 때와는 달랐다. 비록 모두가 배고픈 시절이었지만, 왠지 여유로운 웃음이 터져나왔다. 지금 생각해보면 얼마나 아름다운 순수함인가.

이 말고도 기억나는 일이 또 하나 있다.

그때 나는 작은 형과 함께 과일 장사를 했다. 우리는 이른 새벽, 시골로 달려가 과일을 받은 뒤, 그것을 자전거로 도시까지 실어와 팔았다. 한번은 과일을 떼러 갔다가 쌍무지개를 보았다. 그 순간 나는, 그 위로 무심코 별을 그리고 있었다.

피난을 가다가 본 비참한 죽음들, 다시는 전쟁이 있어서는 안 된다는 생각이 다시금 떠올랐다.

'맞아.'

'나는 장군이 되고 싶어 했지.'

'그래, 장군이 되고 말 거야.'

'무지개하고 약속을 해야지.'

'장군이 되겠다고.'

한국전쟁은 내게 힘겨운 어린 시절을 안겨주었지만, 더불어 인생의 비전을 제시해주었다. 그러다가 차츰 생활이 나아져 다시 학교에 나가게 되었다. 그렇게 5학년쯤 되었을 때였다.

어느 날 무지개를 보았는데, 놀랍게도 그 위로 별이 보이는 것이 아닌가. 한낮에 별이 나타나다니 의아해하며 여러 번 눈을 감았다 떴다. 그러나 별은 사라지지 않았다. 그것도 아주 커다란 장군별이. 그 순간 나는, 본능적으로 그것이 내 비전임을 깨달았다. 이후로 나는 전쟁과 무지개와 별, 이 세 가지를 늘 마음에 담고 살았다.

그리고 어느덧 세월이 흘러 중학교 3학년이 되었다. 어느 날 지리 선생님께서 사관학교에 대한 이야기를 꺼내셨다.

"그곳은 수업료를 포함해 일절 돈이 들지 않지만, 대한민국 최고의 교육을 받을 수 있는 곳이란다. 그리고 졸업하면 군 장교로서 통일에 기여할 수 있지. 장군이 되고 싶다면 사관학교에 들어가는 게 가장 빠르단다."

그 이야기를 듣는 순간, 나는 무지개에 그렸던 장군별을 떠올렸다. 그때부터 나는 사관학교를 목표로 공부했다. 그 꿈은 고등학교까지 쭉 이어졌다.

'사관학교에 들어가려면 문무를 겸비해야지. 그럼 공부도 그렇지만, 운동도 해야 하지 않을까?'

당시 내가 다녔던 고등학교는 유도부가 꽤 유명세를 떨치고 있었다. 나는 서둘러 유도부에 가입했고 졸업 전에 결국 2단까지 딸 수 있었다. 당시의 유도장은, 식구가 많아 변변한 방 한 칸 가지지 못한 내게, 심신수련의 도장이자 공부방이었다. 나는 저녁 무렵 아이들이 돌아가면 유도장에 홀로 남아 공부했다. 그렇게 공부를 마치고 돌아오는 길에는 어김없이 별이 총총 떠 있곤 했다. 나는 그 별들을 바라보면서 어딘가에 깜빡이고 있는 내 장군별을 찾아보곤 했다.

아무리 평범한 것이라도 일단 가슴에 담으면, 더 이상 평범하지 않다.

한참 동안 과거의 상념에 몰두하고 있자니, 나도 모르게 가슴이 젖어오는 느낌이었다. 나는 천천히 차를 한 모금 마신 뒤 그때처럼 내게 다시 질문을 던졌다.

'이제 내가 그려야 할 선명한 비전은 무엇이지? 5년 뒤에는 뭘 하고 있을까?'

잠시 후 나는 대중들 앞에서 리더십 강의를 하고 있는 내 모습을 찬찬히 그려보았다. 아무리 생각해봐도 내 비전은 바로 그것이었다. 장군에서 리더십 강사라…… 정말 비약적인 변화구나 하는 생각도 잠시, 나는 강의가 끝난 뒤 터져나오는 우렁찬 박수를 떠올리고는 흐뭇한 기분에 빠져들었다.

'그래, 일단은 김 박사와 정 교수의 강의를 완벽히 소화해야겠다. 그리고 미국에 가서 오리지널 워크숍을 한번 들어본 뒤 내 나름의 스타일에 맞는 그런 강의를 준비하면 돼.'

갭은 새로운 가능성이다

그렇게 K리더십센터 전문위원 일을 시작한 어느 날, 다시금 미국에 있는 동서의 초청을 받게 되었다. 바로 그때 나는 미국의 워크숍을 떠올렸다. 각 지역마다 리더십 강의가 열린다는 얘기를 기억해낸 것이다.

이왕이면 그 일정에 맞추겠다고 결심한 뒤, 미국의 코비 리더십센터의 스케줄을 뒤졌다. 역시였다. 내가 머물게 될 곳에서 그다지 멀지 않은 샌디에이고에서 리더십 워크숍 계획이 있었다.

만반의 준비를 하고 미국에 도착해, 며칠간은 홀가분한 마음으로 즐겼다. 그리고 샌디에이고에서 워크숍이 진행되는 날, 아침 일찍 그곳으로 출발했다.

가기 전에 나는 이런저런 생각들로 상당히 흥분된 상태였다.

미국의 워크숍 진행은 어떤지, 어떤 사람들이 참석하는지, 수준은 어느 정도인지 궁금한 것투성이였다.

그리고 첫 강의를 받았을 때 나는 놀라운 점들을 발견했다. 정서 탓인지는 몰라도 같은 내용을 다루면서도, 한국과는 상당한 차이가 있었던 것이다.

이쪽은 우리보다 강의 자료는 적은 대신, 토의와 발표 시간이 길었으며, 참석자의 60~70퍼센트가 여자였다. 젊은 직장 여성부터 할머니들까지 그 계층도 다양했다, 여성들이 자기계발을 위해 그토록 적극적인 참여를 한다는 것은, 한국으로서는 상상하기 어려운 일이었다.

게다가 강의 참석자들은 하나 같이 사전 준비가 철저했다. 대다수가 강의의 모태가 되는 자료나 책을 거의 모두 읽어 온 것이다. 한마디로 이곳의 워크숍은 말 그대로 워크숍이었다. 내용에 대한 숙지가 모두 끝난 수준 높은 참석자들이 자신의 의견을 역설하고 토의를 진행했다. 따라서 그들은 이 토의를 통해, 실무 적용에 대한 보다 풍부한 내용들을 얻어갈 수밖에 없었다.

또한 그들은 하나같이 적극적이었다. 강사가 질문을 하면 60~70퍼센트가 자신 있게 손을 들었다. 사실 우리로서는 보기 힘든 광경이었다. 그들은 강사의 지명을 받을 때마다 성의를 다해 의견을 발표하고, 또 다른 사람이 의견을 발표하면 귀를 기울였다.

실로 그들은 이 워크숍을 자신들의 워크숍으로 만들어가고 있었으며, 이곳에서 배운 것을 삶에 주도적으로 적용시키기 위해 서로의 지혜를 나누고 있었다. 그들은 워크숍을 축제의 장으로 인식하고 있었다.

인간은 자신이 가진 무한한 힘을 인식할 때 비로소 강해진다. 모든 삶에 적극적으로 임하라.

사실 이제껏 나는 일방적으로 강의를 듣기만 해왔다. 그런 내게 미국식 리더십 워크숍은 새삼 충격일 수밖에 없었다. 그러자 모든 의문이 한 가지로 귀결되었다.

'어째서 우리는 이러한 워크숍이 불가능한가?'

그것은 바로 워크숍이 강사와 강의 중심으로 이루어지고 있기 때문이었다. 사실 참가자들은 자신이 느낀 바를 토의를 통해 삶에 적용하면서 진정한 산 경험을 얻어간다. 강의는 그저 참고 사항일 뿐이지 않은가.

샌디에이고에서의 마지막 워크숍을 끝낸 날이었다. 부슬부슬 비가 내리는 와중, 해변가를 따라 차를 운전해 집으로 돌아가다가 문득 대너 포인트라는 곳에 이르렀다. 그때 내 눈앞에 놀라운 광경이 펼쳐졌다. 리츠 칼튼 호텔 너머로 무지개가 뜬 것이다. 비전의 힘, 즉 잠재의식은 무서운 것이었다. 일단 비전이 그려지면, 내가 그쪽으로 가는 게 아니라, 비전이 나를 당기게 된다.

나는 미국에서 나 중심의 에고를 버리고 참가자 중심의

강의를 진행해야 한다는 것을 깨달았다. 그리고 그 비워진 에고에는 창의적인 아이디어와 타인에게 도움을 주고자 하는 선한 의지를 채워야 했다.

이제 내게 남은 일은 강단에 서는 일뿐이었다. 그리고 얼마 뒤였다. 운 좋게도 드디어 첫 강의가 코앞으로 다가왔다.

정 코치는 축하와 동시에 강의의 초점이 무엇이냐는 질문을 던져왔다. 나는 서슴없이 대답했다.

"참가자를 중심으로 아무래도 제가 잘 알고 있는 이론과 경험을 제시해야겠지요."

정 코치는 강의가 끝나면 이야기를 한번 나누자는 제의를 하고 총총걸음으로 멀어져갔다.

드디어 첫 강의가 시작되었다. 넥타이를 맸다 풀었다 초초한 손짓도 잠시, 어느새 나는 강의 내용을 점검하고 있었다. 사실 군에서도 교육을 위해 강단에 선 적이 있었다. 그러나 이번은 달랐다. 이 강의는 사회라는 새로운 테두리에서, 그것도 집단 공동체인 기업체를 대상으로 하는 것이었다.

나는 아직은 초짜였기 때문에, 할애 받은 4시간 내에 강의를 마쳐야 했다. 처음엔 다소 떨리고 긴장됐지만, 연습 덕분인지 시간이 흐를수록 점점 평온을 되찾았다. 이제 그 동안 갈고 닦은 내 엔진을 시험해볼 기회인 것이다.

그 4시간이 어떻게 흘러갔는지 지금은 잘 기억나지 않는다. 다만 강의가 끝난 뒤 느낀 성취감만은 또렷하다. 개인적으로 볼 때, 첫 강의치고는 제법 성공적인 것 같았다.

나는 더더욱 꿈에 부풀었다. 서서히 미래가 보이는 것 같았다. 그러나 그것은 나만의 착각이었다.

본래 강의에는 피드백도 포함된다. 피드백이란 참가자들이 강사의 장점과 개선점을 적어내는 일종의 설문이었다. 그날 밤 집으로 도착한 피드백 문서를 보고 나는 아연실색하지 않을 수 없었다. 5점 만점에 3점도 안 되었던 것이다.

거기에 적힌 대부분의 내용은 다음과 같았다.

'일방적인 강의였다', '군인 냄새가 풍긴다', '권위적이다.'

사실 절망을 넘어 비참한 기분이었다.

미국에서 그토록 참가자 중심으로 진행하자고 다짐을 했었는데, 내 에고를 버리자고 그토록 입술을 깨물었는데, 결과는 딴판이 아닌가. 순간 이 시간을 만들어주기 위해 노력한 수많은 사람들에게 죄송스러운 마음을 금할 수 없었다. 나는 습관처럼 다시 정 코치의 얼굴을 떠올렸다.

새로운 것을 얻기 위해서는, 가진 것을 비워야 한다. 몰라서 또는 아까워서 버리지 않은 것들이 발전을 가로막는 장애물이 된다.

밤 10시가 넘은 시간, 나는 도저히 참담한 심정을 이기지 못해 정 코치의 번호를 눌렀다.

"코치님, 밤늦게 죄송합니다. 대화가 좀 필요해서요."

"아, 괜찮습니다. 그나저나 오늘 강의 얘기를 듣고 싶군요."

"사실 지금…… 너무 절망스러운 심정입니다. 피드백이 5점 만점에 3점도 안 나왔습니다."

"그렇군요. 그래도 2점보다는 더 높은 것 아닌가요."

"글쎄요……."

"그렇다면 장군님의 기대치는 어느 정도였지요?"

"최소한 4점은 넘을 것으로 기대했습니다."

"그렇다면 차이가 있군요."

"그렇습니다."

"힘드시겠지만, 지금 곧바로 머릿속에 떠오르는 생각들을 말씀해주시겠어요?"

"그만두고 싶다는 생각도 들고, 하지만 그럴 순 없고."

"……."

나는 깊은 한숨을 내쉰 뒤 말했다.

"그래도 열심히 해야겠지요."

수화기 너머로 정 코치의 안도하는 듯한 숨소리가 들려왔다. 정 코치는 다시 질문을 던졌다.

"그럼 구체적으로 어떤 부분을 수정해야 할까요?"

"글쎄요. 먼저 정직하게 자신을 평가해봐야 할 것 같습니다."

"그럼 지금까지의 분석은 어떻습니까?"

"아무래도 나 중심적으로 강의를 했던 것 같습니다. 자신감이 너무 넘쳤던 것이 오히려 단점이 되지 않았나 싶군요. 앞으로는 참가자의 눈높이에 맞춰서, 그들의 관심과 욕구를 파악해야 할 것 같습니다."

"좋은 발견인 것 같네요. 그리고 4점대를 기대하셨다니 기대와는 1점(20%)의 차이가 나는군요. 그 차이를 다른 말로 표현한다면 무엇이 적당할까요?"

"차이? 부족? 아니면 갭?"

"구체적으로 그것을 채우려면 어떤 노력이 필요할까요?"

"부족한 부분에 대한 노력, 실패를 만회하기 위한 열정과 재도전 등이 있겠죠."

"네, 개인적으로 재도전이라는 말이 마음에 와 닿는군요. 또 1점만큼의 간격이 재도전 시에는 어떤 개념으로 변할까요?"

"목표가 되지 않을까요? 도전의 목표."

"다시 말하면 새로운 목표에 도전할 수 있는 가능성이라고도 말할 수 있겠네요. 절망만 하고 있다면 그 1점은 영원히 갭으로만 남습니다. 그러나 그 갭을 줄이는 과정을 새로운 도전, 새로운 가능성이라고 하셨으니 이제 방법을 찾아봐야겠군요."

"사실 지금으로서는 딱히 떠오르지 않아요. 어떻게 하면 좋을지 말입니다."

"해답은 장군님께서 제일 잘 알고 있으리라 생각되는데요. 이전에 고객의 욕구를 말씀하시지 않았나요? 이번의 도전은 고객의 욕구와 강의 기법과의 연결이 되겠군요. 그렇다면 첫 강의 때 참가자들은 무엇을 원했나요? 강의였습니까, 토론이었습니까?"

"솔직히 잘 모르겠습니다. 처음이라 긴장했고, 완벽하게 하려고 너무 애쓴 탓에 전체적인 분위기를 놓쳤습니다."

"그럼 어떤 점을 개선해 다음번을 준비하시겠습니까?"

"참가자들의 욕구를 정확하게 파악하는 연습이 필요할 것 같습니다."

"마치 기업의 상품 조사처럼 말이지요. 저도 그것이 기본이라고 생각합니다."

"맞습니다. 리더십 강의도 일종의 상품이니까요."

그렇게 정 코치와 긴 이야기를 나누었다. 시계는 어느덧 11시를 넘기고 있었다. 나는 피로로 쉬어버린 목소리로 인사를 건넸다.

"통화가 길어져서 죄송합니다. 그래도 기분이 나아지고, 다시 해보고 싶다는 생각이 듭니다. 감사합니다."

"그럼 다음 주제는 자연스럽게 정해진 것 같군요."

"네, 다음에는 고객의 욕구에 대해 이야기를 나누면 괜찮겠군요. 안녕히 주무세요."

"네, 장군님도 편안한 밤 되십시오."

코칭 어드바이스

목표에 가까워졌다면, 선명한 비전을 그려라

1. 내 미래를 떠올릴 때, 가장 먼저 떠오르는 이미지는 무엇인가?

2. 그 이미지와 내가 추구하는 목표는 어떤 연관성이 있는가?

3. 스스로에게 잠재된 능력을 과소평가하지는 않았는가?

끊임없이 배워라

1. 비전과 가까운 공부를 꾸준히 겸비했는가?

2. 활동의 폭을 다양하게 넓히되, 그 활동이 하나의 목표로 집중되어 있

   는가?

5장

성취의 길

The
great
choice

비워라, 그러면 채워질 것이다

사실 고객의 욕구를 파악해야 한다는 것은 누구나 알고 있는 사실이다. 미국의 워크숍에서도 절실하게 느끼지 않았던가. 문제는 그것을 현실에 적용하는 일이 생각보다 힘들다는 것이었다.

나는 무엇이 문제였는지 꼼꼼하게 살펴보기로 했다.

첫째, 우선은 나 중심의 패러다임을 버려야 했다.

참가자들은 '내가 옳다. 내가 잘났다. 내 강의내용이 맞다. 내 경험은 풍부하다. 나를 보고 배워라'고 말하는 듯한 강의에는 전혀 동요하지 않는다. 그들이 원하는 바는 각자의 상황에 맞는 리더십을 배워 그것을 삶 속에 적용시키는 것이다.

아무리 내게 장점이 있다 한들, 그 본바탕이 나 중심의 편견이라면 오히려 단점이 되기 쉽다.

'그러면 이 편견들을 어떻게 없앨 수 있을까?'

문득 이런 생각이 들었다.

'그때 생각이 나는군. 잠시 한 달 동안 다녔던 컴퓨터 학원 말이야. 대다수가 젊은 애들이었지……. 그들과 좀더 시간을 가져볼 것을 그랬어. 매일 수업만 끝나면 곧장 돌아오곤 했는데…….'

또한 내 과거의 경험, 즉 장군으로서의 경력들이 새로운 에너지로 변화되지 못하고 있다는 점에 생각이 미쳤다. 군인 특유의 제스처나 몸짓, 거부감이 생기는 위엄이나 권위적인 느낌이 아직 남아 있었던 것이다.

따라서 무엇보다 중요한 건, 한시 바삐 자연인으로 돌아가는 일이었다. 예비역 장성이 아닌, 인간 박창규 말이다.

그러다 보니 단전호흡을 배울 때 들었던 이야기가 생각났다. 그곳에서는 자연인을 이렇게 말했다. 아무 꾸밈없이 동등한 위치에 있는 존재, 있는 그대로의 존재.

연이어 나는 원효대사의 이름을 떠올렸다.

'그래. 이제 내 스스로 과거의 모습을 털어내야 할 거야.

원효 대사가 고정관념을 털어냈듯이.'

문제가 생겼을 때, 그 문제의 원인을 정확히 파악
하라. 그리고 자신의 내면에 무자비한 수술을 병행
하라. 모든 불필요한 것들을 마음속에서 몰아내면,
그대는 진정한 자유인이 된다.

원효 대사가 당나라 유학을 위해 길을 떠났다가 한 동굴
에서 썩은 해골 물을 마셨다는 일화는 무척 유명하다. 어느
날 날은 저물고 인가도 없어 동굴에 들어가 쉬는데 목이 말
라 어두운 동굴 속에서 바가지에 담긴 물을 맛있게 먹고 잠
들었다가 다음날 아침, 자기가 달게 마신 물이 해골에 담긴
물이라는 것을 안 순간, 갑자기 뱃속이 메스꺼워져 토하기
시작했다.

그 순간 원효대사는 문득 깨달았다. '간밤에 아무것도 모
르고 마실 때에는 그렇게도 물맛이 달콤하고 감미로웠는데
해골에 담긴 물임을 알자 온갖 추한 생각과 함께 구역질이
일어나다니!' 그리하여 원효대사는 한순간에 깨달음을 얻
었다는 것이다.

'일체유심조'

사물 자체에는 맑음도 더러움도 없고 모든 것이 오직 사람의 마음에 달려 있다. 모든 것이 자신의 마음에서 만들어낸 그림자라는 것을 깨달은 것이다.

이 사건을 통해 도를 깨우치는 계기가 되지 않았나 싶다. 즉 해골을 바라보는 시각에 따라 그렇게 다른 행동을 하다니, 모든 게 마음먹기에 달렸다는 것이다.

이후 원효 대사는 당나라 유학을 포기하고 돌아와서 한국 불교의 근간을 이루어냈다.

보는 시각, 즉 패러다임을 바꾸면 행동이 달라진다. 그래서 스티븐 코비는 "당신이 조금만 변하려면 행동을 바꿔라. 그러나 획기적으로 변하고 싶으면 당신의 패러다임을 바꿔라"고 말했다.

그래! 내가 가지고 있던 나 중심의 낡은 패러다임을 파괴하는 것이 변화의 지름길인 것을. 아마도 나는 그간 리더십 강의의 최고권위자가 되겠다는 욕심 때문에, 은근히 내 경력을 내세우고 있었는지도 모른다. 그만한 경험을 했고, 그것을 잘 전달할 수 있으리라는 자신감이 넘쳤던 것이다. 그러나 그것이 오히려 단점이 된 이상, 이제는 그 고정관념을 털어내야 했다.

그때 문득 컴퓨터 학원이 생각났다.

'그럼 젊은 학생들과 어울려보자. 그들은 내 문제점을 잘 지적해주겠지.'

나는 용기를 내어 다시 영어 학원과 컴퓨터 학원에 등록했다. 즉 자연인으로서의 나를 되찾기 위한 방편이었다.

그러나 그도 의욕만큼 쉽지 않았다. 이번에는 젊은 학생들이 나를 받아들여주지 않았다. 그러나 시간이 흐르며 얼굴을 익힌 몇몇 친구들과 이야기를 해보니, 대다수가 군 입대 문제로 고민하고 있다는 것을 깨달았다. 그래서 나는 그들이 군대 이야기를 할 때마다 최선을 다해 조언을 해주었다. 그러자 어느 날부터 고민을 이야기하는 학생들이 하나 둘 늘어가기 시작했다. 신비롭고도 즐거운 경험이었다.

나는 꽤 오랜 시간 동안 그들과 어울리며 성심을 다해 좋은 관계를 유지하려 애썼다. 그리고 차차 내 권위적인 모습은 먼 뒤안길로 사라져갔다.

이후 나는 강의를 진행할 때, 최대한 군대 얘기를 배제했다. 그러자 참가자들은 이후 내 이력을 알 때마다 놀란 표정을 지었다. 전혀 군 출신 같지 않았다는 것이다. 그런 이야기를 들을 때마다 나는 내심 그때 만났던 젊은 친구들을 떠올리며 미소를 짓곤 했다.

그리고 그 일을 계기로 나는 언제 어디서나 겸손한 태도를 유지하려 노력했다. 노력의 결과였을까. 얼마 안 가 다시 강의 기회가 주어졌다. 소식을 듣고 나서 며칠간은 들뜬 기분이었다. 하지만 마음이 가라앉고 나자, 이번에는 철저히 준비해야겠다는 생각이 들었다.

가장 먼저 나는 참가자들이 어떤 생각을 하고 있는가, 참가자들이 원하는 게 무엇인가를 이해하려고 애썼다. 참가자들과 일일이 눈을 맞췄고, 작은 질문도 참여를 유도해 그 속에서 답을 찾도록 했다. 또한 개인적인 질문을 받았을 때에는 질문자 옆까지 다가가 가까운 자리에서 설명했다. 다시 말해 같은 눈높이, 아니 그 약간 아래에서 그들과 마주 대했다.

그러자 놀라운 결과가 있었다. 피드백이 4.0대를 훨씬 돌파한 것이다. 처음에는 몹시 놀랐지만, 어찌 보면 자연스러운 결과였다. 언젠가 정 코치와도 이야기를 나눴듯이, 고객의 욕구를 파악해 상품을 내놓은 셈이었기 때문이다.

성인의 학습은, 배우기 위한 것만이 아니다. 그들은 이곳에 오기 전부터 각자 나름의 경험과 지식을 가지고 있다. 따라서 배운다기보다는 이미 알고 있는 지식과 경험을 보다 효율적으로 삶과 결합시키고자 한다. 그러므로 일방적인 강의는 그들에게 별 도움이 되지 않는다.

인간은 누구나 인정받고 싶어 한다. 칭찬과 인정은 상대의 밑바닥에 깔린 능력을 일깨워 그를 변화하도록 만든다.

저녁에 집으로 돌아와서 정 코치에게 전화를 했다.

"코치님, 몇 개월 만에 워크숍을 다시 했습니다. 정말로 많은 것을 느꼈습니다."

"구체적으로 어떤 점이었지요?"

"첫째, 참가자들이 자기 주관에 비추어 발표한 것에는 이의를 달지 않는다는 것입니다. 사실 발표함으로써 배우는 것이 더 많으니까요. 그리고 우리 프로그램에는 서로 가르치는 과정이 있습니다. 자기가 배운 것을 자기 사례와 연결해서 발표하는 것입니다. 그렇게 서로 발표하면서 참가자들끼리 많이 배우더군요. 다시 말해 어떤 주제를 놓고 토론

하고, 그것을 리더십 프로그램에 적용해서 발표하면, 스스로 그 내용을 다짐하는 것 같습니다. 사실 발표라는 것은 스스로를 설득시키는 과정이 아니겠습니까."

"정말 대단한 발견입니다. 그러면 앞으로 어떻게 하실 계획이신가요?"

"둘째, 지금처럼 철저한 준비를 해야 할 것 같아요. 어떤 참가자들이 오는가, 그 배경은 어떤가, 책을 읽었는가, 어떤 것에 관심이 있는가, 어떤 욕구를 가지는가에 대해 심층적으로 확인하려고요."

"그리고 또 다른 것이 있습니까?"

"말하면서 생각난 건데요, 참가자들에게 사전에 미리 준비할 부분을 알려주고, 준비가 된 이들에게는 적극적으로 발표할 기회를 주는 겁니다."

"아, 그것 괜찮은 아이디어네요. 지난번 미국에서 배우신 것이 많이 실용화된 것 같은데요."

"그리고 지금 생각났는데요. 그때 듣기로는 그 프로그램이 학교에까지 진출한다고 하더군요. 교직원들을 상대로 말입니다. 그렇다면 우리 나라도 대학을 상대로 강의를 펼칠 수 있지 않을까요?"

정 코치는 잠시 생각하는 듯하더니 대답했다.

"충분히 가능한 얘기겠죠. 하지만 먼저 그것이 얼마나 신빙성 있는 이야기인가부터 알아보세요. 그리고 만일 그것이 가능하다면, 그쪽 분야를 개척하는 것도 좋겠네요. 아차, 제가 한발 늦었는데요?"

나는 웃음으로 응대했다.

"하하, 그런 셈이네요. 어쨌든 젊은 학생들을 가르치는 일은 무척 신날 겁니다."

"훌륭한 생각입니다. 그 꿈도 이루시길 바랍니다."

정 코치와 통화를 끝낸 뒤, 나는 실제로 미국의 프로그램이 학교에까지 투입되는지 알아보았다. 그리고 그 결과, 아직 정확한 통계는 없지만 최소 250여 개 대학에서 교직원을 대상으로 이 프로그램을 진행하고 있다는 대답을 얻었다. 또한 리더십 강의 자체를 교과목으로 선정하는 학교도 점차 늘어나고 있다는 것이다.

나는 자료를 요청한 뒤, 그 자료를 토대로 새로운 목표를 세우기 시작했다. 일반 기업체나 대중들뿐 아니라 미래를 이끌어갈 젊은 대학생들에게도 기회를 주고 싶었기 때문이다.

'좋다! 한번 해보자.'

간절히 원하면 길이 보인다고 했던가. 때마침 전역한 고위 공직자 등을 객원 교수로 임용하는 프로그램이 생겨났다. 자신의 경험을 학문적 바탕 안에서 재해석해 학생들을 가르칠 사람을 찾고 있었던 것이다.

나는 자세한 것을 알아보고 그쪽에 신청서를 냈다. 첫 번째 시도에서는 보기 좋게 실패했다. 여러 가지 문제가 있었겠지만, 아무래도 사회교육 프로그램을 대학의 학점 과목으로 수용하자는 의견이 거부된 듯했다.

나는 포기하지 않고, 한 학기 동안 또 열심히 준비했다.

그리고 두 번째에는 보다 상세하게, 왜 이런 프로그램이 학생 때부터 필요한지, 진행은 어떻게 되고, 긍정적인 효과는 무엇인지 등을 설명했다. 또한 그동안 어떤 사람들을 대상으로 교육을 해왔고, 그 내용은 어떤지에 대해서도 구체적인 증거를 첨부했다.

그리고 얼마 후, 심사에 통과했다는 연락이 왔다.

광주에 소재한 조선대에서 처음으로 학생들을 가르쳤다. 그리고 이후에는 상담 심리를 공부했던 서강대 평생교육원의 강단에도 설 수 있었다. 마지막으로 한참 뒤의 일이지만 숙명여대, 카이스트, 포항공대 등에서도 많은 학생들, 교수님들을 만나 리더십 교육을 전파했다. 이때는 내가 가르친 것보다 훨씬 많은 것들을 배울 수 있었다.

학생들에게서는 새롭고 기발한 아이디어를, 교수님들에게서는 학문적 깊이를 통해 새삼 더 많은 것을 배웠고, 성직자들을 대상으로 워크숍할 때는 내가 영적으로 충만되고 있음을 느끼고 그분들에게 많은 봉사를 다짐하곤 하였다.

그렇게 나는 새삼 비전의 위대함을 깨달아가고 있었다.

미국의 제17대 대통령이었던 앤드루 존슨은 1867년 러시아에게 720만 달러를 지불하고 알래스카를 사들였다. 당시 언론은 존슨 대통령과 프로젝트의 주역인 스어드 국무장관을 맹렬하게 비난했다. 그들에게는 이 거래가 얼음덩이와 달러를 맞바꾼 어리석은 행동으로만 비쳐졌던 것이다.

당시 국무장관 윌리암 H. 슈어드는 먼 훗날을 내다볼 때 국가가 아닌 개인이라도 반드시 알래스카를 사들여야 한다고 주장했다. 이후 그의 용단이 옳았다는 것이 확인되자, 그는 수많은 미 국민들의 존경을 받았다.

마음의 창을 열어라. 그리고 그 창 너머로 떠오른
별을 보아라. 별이 이끄는 곳으로 가다보면 어느덧
목적지가 당신을 반길 것이다.

경부고속도로 개통도 비슷한 예였다. 당시 정치권에서는
이를 투자 우선순위가 전도된 전시 행정이라고 비난을 퍼
부었다. 그것은 세계은행도 마찬가지였다. 당시 건설경비
로 들어간 400여 억 원은 국가 총예산 1,600억 원에 비할
때 너무 큰 금액이었기 때문이다. 따라서 경부고속도로를
개통하기 위해서는 국민의 과중한 부담이 필요했다. 하지
만 지금은 어떤가. 그간 경부고속도로는 한국 경제 성장의
중추적인 척추 역할을 담당하지 않았던가.

간디는 비폭력으로 인도 독립을 이루겠다는 비전 하에,
온몸을 바쳐 그것을 이루어냈다.

링컨은 'By the people, For the people, Of the people'
이라는 사명과 비전으로 민주주의를 실천했다.

마틴 루터 킹 목사는 'I have a dream' 이라는 연설을 통
해 미 국민의 인간존중 의식을 고취시켰다.

위대한 지도자의 비전은 역사를 바꾸고, 개인의 비전은

삶을 바꾼다. 비록 실패의 경험은 쓰지만, 새로운 도약을 위해서는 실패도 반드시 필요하다. 용기 있는 사람은, 실패에도 도전하는 법이다.

다양성의 파워

그렇게 순탄한 나날이 흘러갔다. 이 즈음 되어 정 코치와는 더욱 돈독한 사이가 되어갔고, 서로에 대한 비판은 물론 격려도 잊지 않았다. 그러던 어느 날 예상치 않은 사건이 일어났다.

그때 나는 그다지 내키지 않는 강의를 진행하고 있었다. 상대는 바로 T일보 기자들 중 차장급 진급을 앞둔 사람들이었다. 그들은 기자 특유의 논리와 비판으로 워크숍의 진행을 번번이 가로막았고, 나는 짐작조차 못했던 이 난관에 우왕좌왕했다.

실로 그들은 대단한 사람들이었다. 사회 경험이 풍부한 것은 물론, 사물을 바라보는 시각도 남달랐고, 좋고 나쁘고의 문제에서도 더없이 명확했다. 게다가 내가 제시하는 사례나 논리 전개에 매우 도전적인 태도를 보였다. 특히 좋은 말만 남발하는 사람들치고 진정한 리더십을 보여주기 힘들다는 것을 피부로 느끼며 살아가는 그들에게, 원칙 중심의 리더십 프로그램은 허상에 불과했다.

나는 그들의 의견을 최대한 존중하려 했지만, 결국은 경험과 역량 부족으로 모든 것이 실패로 끝나고 말았다.

어깨에 힘이 빠져 집으로 돌아오는 길에, 나는 그들에게 끝내 전해주지 못한 도산 안창호 선생의 말을 되뇌었다. "진정한 지도자가 없음을 탓하지 말고 스스로 지도자가 되라"는 말이었다. 그러나 사회의 지도층 인사를 바라보는 그들의 시각은 나와 판이하게 달랐으므로, 설사 이 말을 했어도 별 효과가 없었을 것이다.

결과는 참혹했다. K리더십센터 전체 피드백에서도 유래가 없는 낮은 결과가 나온 것이다. 어느 정도 예상은 했지만, 막상 받고 보니 참담했다.

하지만 절망한다고 해서 달라질 것은 없었다. 나는 서둘러 원인 분석에 들어갔다. 그리고 여러 사람에게 자문을 구하면서, 중요하고도 새로운 사실을 알게 되었다.

원칙 중심 리더십 워크숍은 그 매뉴얼이나 프로그램 진행이 연역적이라고 한다. 한마디로 단계적으로 차분히 설명한다는 뜻이다. 그러나 통설적으로 기자들은 그런 연역

법을 혐오한다. 그들은 결론부터 말하고, 그 원인을 추리하는 것을 즐기는 사람들이다. 그들에게 걸맞은 것은, 쇼킹한 결과와 그 결과에서 비롯된 참신한 원인들이었다.

그때서야 나는 깨달았다. 매뉴얼도 필요에 의해 얼마든지 변형될 수 있어야 한다는 것을 말이다.

예를 들어 그들에게 직장 내의 시너지를 얘기할 때에는, 왜 시너지가 창출되지 않을까 하는 문제점을 먼저 제기하고, 그 다음으로 시너지를 만드는 과정을 설명해야만 했다.

나는 이 경험을 통해 유연성을 배웠다. 융통성은 때로 본질까지 변화시키지만, 유연성은 본질은 보존하되 환경과 상대에 따라 적절하게 변화한다.

며칠 뒤 나는 다시 정 코치와 통화를 하게 되었다.

"그때 일로 지금 몹시 혼란스럽군요. 며칠간 아무것도 손에 잡히지 않아요."

"저 같은 경우는 억지로 잊어버리려 하지 않고 빨리 대체물을 찾는 편입니다."

"대체물이요?"

"앞으로 내가 가야 할 방향 말입니다. 미래지향적인 사고에 습관을 들이면, 과거는 생각할 겨를이 없게 되지요. 인간은 두 가지를 동시에 생각할 수 없습니다. 물론 무엇이든 외형적인 결과로 평가를 받습니다. 그러나 거기에 마냥 얽매여 있다면 내적인 변화는 생각할 수 없게 되지요. 다만 그런 평가를 내린 사람들을 원망하게 될 뿐입니다. 그러나 스스로 내적인 변화에 초점을 맞추게 되면 외면의 변화는 자연스레 이루어집니다. 오히려 성숙도를 높일 수도 있고요. 게다가 다음에는 더욱 큰 창조적인 만족감을 맛볼 수 있을 것입니다."

긴 이야기를 마치고 수화기를 내려놓자 조금은 씁쓸한 기분이었다. 인생이란 도대체 몇 번이나 부딪쳐야 순탄한 길을 만날 수 있는 걸까?

그러나 그 답은 누구도 몰랐다. 맹자는 이렇게 말했다.

"하늘은 큰일을 맡기려는 사람을 괴롭히고 궁핍케 하여 역경을 안겨준다. 그것은 심신을 연마시키고 지혜로움과 인내심을 길러 유능한 사람으로 키우기 위함이라."

상처 없이는 조개 속에 진주가 생기지 않는다. 그러나 너무 큰 상처는 그 조개를 상하게 한다.

그러던 어느 날 친구 아들 결혼식에 주례를 서게 되었다. 식을 마친 뒤 친구와 공원의 잔디밭을 하염없이 걸으며 이런저런 이야기를 나눌 때였다. 그날 따라 나는 몸 상태가 별로 좋지 않아 일찍 들어가고 싶었지만, 아들을 장가 보낸 친구의 복잡한 심경을 헤아려 조금 더 머물기로 했다. 한참을 그렇게 걷다가 문득 친구가 나를 불러 세웠다.

"잠시 보세. 이게 뭐지?"

"응?"

"이거 껌 아닌가?"

이게 웬일인가. 제일 아끼는 양복바지에 어린아이 손바닥만한 껌이 엉겨 붙어 있는 것이 아닌가. 나는 당황스러운 것은 둘째치고, 이 옷을 입고 집으로 돌아가야 한다는 사실에 짜증이 치밀었다. 그렇잖아도 몸에서 슬금슬금 열이 나는 것 같았는데, 이제는 옷까지 말썽을 일으킨 것이다.

친구는 휴지를 사다가 열심히 옷에 붙은 껌을 떼어주기 시작했다. 그의 굵은 주름과 우묵해진 눈자위를 보는 순간, 빨리 집에 돌아가고 싶다는 생각만 했던 것이 부끄러웠다.

"괜찮네, 괜찮아. 세탁소에 맡기면 되지, 뭐. 그나저나 아들 녀석 키우느라 고생 많았네."

친구는 손을 탁탁 털며 일어서더니 빙긋 웃음을 지었다. 그리고 우리 두 사람은 가만히 하늘을 바라보았다. 문득 그런 생각이 들었다. 저토록 높은 하늘이 펼쳐져 있는데, 우주는 저토록 넓은데, 나는 이 땅에서 바지에 붙은 껌 하나 때문에 신경질을 내는구나 하는 생각 말이다.

친구와 헤어지고 돌아오는 동안, 나는 내내 아까 본 하늘을 잊지 못했다. 눈을 감고 내 의식을 우주로 흘려보낸 뒤, 우주에서 나를 바라보는 상상을 했다. 정말 미미한, 아무것도 아닌 존재, 한낱 점에 불과한 세상……. 그리고 그 점 안에서 나라는 존재가 흔들리고 있었다.

나는 그 점에서 또 하나의 점으로 나아가기 위해 움직인다. 아무리 미미한들 그것이 바로 살아가는 이유이다. 예를 들어 작은 구멍에 공을 넣는 골프를 생각해보자.

목표에 대한 집중도를 스스로 점검하기 위해서는 '목표에 대한 집중력'을 점검해볼 필요가 있다. 그러나 아무리 집중을 해도 구멍에 공을 넣는 프로세스, 즉 전반적인 진행이 순조롭지 못하면 아무 소용이 없다. 공을 넣는다는 행위는 내 몸이 목표와 한 방향으로 정렬하는 것이다. 즉 발의 위치, 무릎, 허리, 어깨 등 각 부분이 조직적으로 힘을 발휘하는 것이다.

생각해보니 삶도 비슷했다. 목표가 있어도 실행력이 없다면, 그 목표는 하나의 꿈에 불과하다. 아무리 열심히 살았다 해도 실행력이 없으면, 그 삶은 시간 낭비에 불과하다. 목표 그리고 뒤따르는 실행력이 있을 때, 오직 그때 삶은 변화한다.

먼 곳을 바라보라. 그러나 한 곳을 바라보라. 그리고 오로지 그것을 향해 움직여라.

그렇다면 각각의 사람들은 어떤 방식으로 골프 게임에서 구멍에 공을 집어넣을까?

내 친구인 김 장군은 티 박스에만 올라가면 단칼에 공을 때려버린다. 스윙도 단순하다. 오비 같은 것에 구애를 받지 않기 때문이다. 또한 삶에서도 그렇듯이 골프에서도 도전 정신을 강조한다. 한편 건설회사에 있는 한 친구는 골프장에 올 때마다 코스 지도를 가지고 온다. 게다가 아무리 바람이 불어도 그 바람의 방향을 계산해 치는 주도면밀한 성격이다. 그리고 L그룹의 박 부사장은 실내골프장을 가지 않는다. 필드 그 자체를 즐기기 때문이다. 그와 나누는 대화도 늘 유쾌하다. 또 은퇴한 전 사장은 골프보다는 사람을 좋아한다. 스코어와는 상관없이 동반자가 불편한 기색을 비치면 곧바로 영향을 받는다.

나는 내가 느낀 바를 다시 정 코치에게 말했다. 그러자 정 코치는 고개를 끄덕였다.

"그렇지요. 사람은 여러 가지 유형을 가집니다. 사실 저도 의뢰 상대에 따라 코치 방법을 다르게 하니까요."

"아, 그거 솔깃한 얘기인데요? 그럼 저는 코치님이 볼 때 어떤 유형이었습니까? 어떤 코치 법을 쓰셨지요?"

정 코치는 풋 하고 웃음을 터뜨렸다.

"하하, 절대 비밀입니다."

그 말에 나도 웃음을 터뜨리고 말았다.

"너무 박하신 것 아닙니까?"

인간관계란 경쟁과 협력의 룰 속에서 움직이는 것이라 해도 과언이 아니다. 그럴 경우 상대의 성격과 행동 유형에 맞추어 경쟁과 협력을 한다면 더욱 효과적이지 않을까.

워크숍도 마찬가지다. 각각에 따라 적절한 방법을 쓴다면 이해와 공감이 증폭될 것이다. 예를 들어 지시형에게는 큰 그림부터 제시한 뒤 작은 그림을 내밀고, 전략형에게는 구체적인 자료를 중심으로 세부적으로 검증해나가는 식이다.

인간의 유형

D형(Directing) : 지시형

- 결과 지향적이다.
- 가능성을 생각한다.
- 리더가 많다.
- 열심히 일한다.
- 속도가 빠르다.
- 창의적이고 상상력이 풍부하다.
- 목표지향적이다.
- 단호하고 솔직하다.
- 모험을 한다.
- 책임을 진다.

P형(Presenting) : 사교형

- 활동적이고 에너지가 넘친다.
- 말을 잘한다.
- 피상적인 것을 듣는다.
- 대단히 창의적이다.
- 무대에 오르기 위한 준비가 항상 되어 있다.
- 인정받는 것을 좋아한다.
- 쉽게 싫증낸다.

- 실행력이 떨어진다.
- 약속을 많이 하고 (때때로) 잘 지키지 못한다.

M형(Mediating) : 우호형

- 전문가가 많으며 지식이 풍부하다.
- 적극적으로 도와준다.
- 배려한다.
- 의사소통 시 나서지 않는다.
- 참을성이 있다.
- 철저하다.
- 다른 사람들에게 관대하다.
- 창의적이다.
- 유머감각이 있다.

S형(Strategizing) : 분석형

- 의사결정에 신중하다.
- 규칙을 따른다.
- 철저하게 생각한다.
- 잘못되는 것을 싫어한다.
- 실수하는 것을 싫어한다.
- 실행력과 추진력이 있다.
- 구조지향적이다.
- 창의적이다.
- 의사가 분명하다.

※출처 : 한국리더십센터의 코칭 클리닉 프로그램

기도와 중심

이런 얘기가 있다.

죽은 이들은 하늘나라로 가면, 가장 먼저 지상에 남아 있는 사람들을 내려다본다고 한다. 그리고 그때마다 한결같이 웃음을 터뜨린다. 죽은 사람도 이토록 즐겁게 살 수 있는데, 왜 살아 있는 사람들이 그렇게 살지 않는지 우습기 때문이다. 영혼들이 서로의 얼굴을 마주 보며 웃는 모습을 그리다 보니, 나 또한 피식 웃음이 터져나왔다.

이것은 틱낫한이라는 스님의 책에서 나온 이야기로, 사는 것도 중요하지만, 즐겁게 사는 것이 더 중요하다는 의미가 담겨 있다.

이 얘기를 오래 곱씹은 뒤에 다시 정 코치와 만났다.

"코치님도 아시겠지만 지금껏 저는 오로지 비전과 목표에만 몰두했습니다. 하지만 본래 저는 즐거운 인생을 꿈꾸는 사람이지요. 혹시 코치님께서는 즐거움이라는 개념을 어떻게 정의하십니까?"

정 코치는 웃음을 터뜨렸다.

"하하, 오늘은 제가 시험을 보는 시간이군요. 그럼 외람되지만 제가 질문 하나 먼저 드릴게요. 교수님은 어떨 때 가장 즐거우신데요?"

"물론 참가자들이 즐겁게 토의하고, 진행이 잘되었을 때이죠. 하지만 그것만으로는 좀 부족합니다."

"그럼 또 어떨 때 즐거움을 느끼시는지요?"

"아내와 함께 여행할 때인 것 같군요."

"그리고요?"

"애들이 잘 커나가는 것도 즐겁습니다."

"또 없습니까?"

"회사가 계속 성장하는 것도 즐겁고……. 하하, 그러고 보니 즐거운 게 한두 가지가 아니군요. 친구들하고 한잔하면서 인생 얘기를 나누는 것도 소중하고요……."

정 코치는 대답 대신 고개를 한번 끄덕여 보였다. 나는 계속 말을 이었다.

"그리고 제 비전이 이루어진 것도 즐겁습니다."

정 코치는 편하게 몸을 뒤로 젖혀 의자에 기대며 미소를 지었다.

"그것 보세요. 즐거운 건 혼자 다 하시면서 저한테 물어보시잖아요?"

"어, 그랬나요?"

정 코치는 즐겁게 웃음을 터뜨린 다음 말을 이었다.

"지금까지 즐겁게 사는 것에 대해 얘기하셨죠. 그렇다면 그 즐거움에도 균형이 있지 않습니까? 예를 들어 즐거움을 느끼는 분야가 각각 다르다거나요."

"음…… 굳이 말하자면 두 가지로 나눌 수 있을 것 같군요. 한쪽은 가정과 삶이고, 다른 한쪽은 직장과 일이겠지요. 우선 그 두 가지 요소가 중요하고, 또 친구 관계도 필요한 것 같군요."

"말씀을 듣고 보니, 이제는 제가 코치를 받아야 할 것 같은데요? 비전과 목표를 달성했을 때도 즐겁고, 인간관계와 친구들, 가정, 직장, 일 등의 밸런스……. 그래요. 오늘은 저도 많은 것을 느끼게 되는군요. 이제 코치 일은 그만두고 빨리 집에 들어가서 가족들과 좋은 시간을 가져야겠습니다. 그만 들어가볼게요."

나는 놀란 얼굴로 그녀를 바라보았다.

"어이구, 진심은 아니시죠?"

"아니, 진심입니다. 이제는 제 코칭 없이도 잘하시는걸요, 뭘. 셀프 코칭이 자연스럽게 이루어지고 계시니까요. 그러니까 제가 코치를 그만둔다는 것은, 이 일을 그만두는

게 아니라, 이제 장군님과 동료가 되고 싶다는 말입니다."

진정으로 성공한 삶은 여러 가지 향기를 가진다. 삶의 목표가 오직 하나라면 그의 삶은 무미건조할 수밖에 없다. 삶에도 성공에도 균형이 필요하다.

정 코치와 헤어져 돌아오는 길에 나는 삶의 균형을 누리려면 중심축이 있어야 하지 않을까 하는 생각을 하게 되었다. 한번은 이런 얘기를 들었다. 만들어낸 얘기겠지만.

S그룹의 L회장이 골프 황제 잭 니클로스에게 비싼 요금을 지불하고 골프 레슨을 받기로 했다. 그러나 일 주일 동안 함께 라운딩을 해도 니클로스는 아무 말이 없었다. 결국 L회장은 어째서 코치를 해주지 않느냐고 물었다. 그러자 니클로스는 이렇게 답했다.

"한국에 돌아가시면 코치에 대한 내용이 담긴 편지가 도착해 있을 겁니다."

L회장이 한국에 돌아와보니 역시 편지가 있었다. 그는 서둘러 봉투를 뜯어 내용을 읽었지만, 편지에는 덩그러니 한 줄만 적혀 있었을 뿐이었다.

"헤드업을 하지 마십시오." 즉 골프공을 칠 때 머리를 들지 말라는 것이다. 다른 말로 얘기하면 몸의 중심축을 제대로 갖추라는 말이었다.

나는 이 직업을 통해 스스로가 많이 성장했음을 느꼈다. 다시 말해 더욱 흔들리지 않는 중심축을 가지게 되었다고 할까.

중심축은 삶의 어디에도 해당되는 이야기다. 예를 들어 인간관계를 보자. 아무리 많은 사람들과 잘 지내려 해도 내가 중심축이 바로 서지 못하면 대인관계가 힘들다. 상황에 따라 흔들리면 결과적으로 신뢰가 깎이기 때문이다.

따라서 중심을 잡는다는 것, 즉 센터링을 한다는 것은 내면의 충만한 에너지로 솔선수범하는 것과 같다.

2002년 여름 '센터링 리더십'의 창시자 토마스 크럼이 한국에서 강의를 펼친 적이 있었다. 그때 나도 그 리더십 워크숍에 참가했다.

그는 센터링 리더십에 대해 이렇게 말했다.

"센터링을 하면 얼굴 가득히 바람을 느끼며, 온몸의 감각을 완전히 열어놓은 채 여름날 저녁 맨발로 힘차게 달릴 수 있다. 센터링은 바위틈에서 하늘거리는 꽃과 같다. 센터링

을 하면, 우주 끝까지 잔물결 치며 퍼져가는 시원한 웃음을
터뜨릴 수 있다. 또한 러시아워에도 마음 편히 있을 수 있
다. 센터링을 한다는 것은, 존재의 고향으로 돌아가는 것을
의미한다."

그가 말하는 센터링은 '마음의 평정 상태'를 일컫는 것
이었다. 중심축을 가지게 되면 인생을 성공적으로 살 수 있
다는 말이다. 한마디로 센터링은 몸과 마음과 영혼을 하나
로 통합시키는 기술이다. 이것을 이루면 혼돈의 세계가 통
합의 세계로 변하며, 스트레스 혹은 좌절감을 자신감과 기
쁨, 적극적인 목적의식으로 바꿀 수 있다.

사실 이 중심축이라는 것은 리더십 개념에만 해당되는
게 아니다. 물리학의 중력, 군사학의 중심, 즉 일정한 군사
적 노력을 집중할 때 다른 곳보다 성과가 큰 지점을 중력의
중심이라고 부르는 것처럼, 센터링의 중심은 삶의 중심을
뜻한다.

우주의 중심은 나다. 내가 변화할 때 세상도 변화
한다. 이 중심축만 바로 서 있다면 내면의 열정은
결코 꺼지지 않는다.

어느 날, 나는 진지한 태도로 정 코치에게 물었다.

"몸과 마음과 영혼과 감정을 일치시키면 중심축을 잡을 수 있고, 이 중심축이 잡히면 대인 관계는 물론 비즈니스도 수월합니다. 코치님께서는 어떤 센터링을 하고 계시는지요?"

수화기 너머로 잔잔한 웃음소리가 들려왔다.

"음…… 전 일단 하나님께 기도합니다. 기도란 집중 그 자체를 의미하니까요. 저는 하나님을 마음속에 담은 채 외부로 향하는 문을 모두 닫아버립니다. 오로지 내면의 하나님과만 대화를 하는 거지요. 예수 그리스도께서도 산상수훈에서 이렇게 말씀하신 적이 있었습니다. '문을 닫고 골방으로 들어가 기도하라, 위난 중에 하나님께서 갚으시리라.' 저는 이 말씀을 따릅니다. 기도를 올릴 때면 스스로의 한계도 볼 수 있고, 또 은총으로 그 한계를 넘을 수도 있습니다. 한마디로 저는 모든 존재 안에 계시는 하나님과 선을 확인함으로써 중심축을 견고히 하는 셈이지요."

"역시 제 멘토로서의 자격도 충분하십니다. 그렇게 기도하시는 모습을 떠올리니 아직도 부족하다는 생각이 듭니다. 그리고 약속한 대로 코치님께서 필요하다면 어떤 방법으로든 도움을 드리고 싶습니다."

"아닙니다. 이미 큰 도움을 받았는걸요. 예비역 장성으로서 처음 코칭을 의뢰하셨을 때 사실 어려운 점도 없지 않았지요. 하지만 그 어려움을 헤쳐나가면서 저도 참 많은 걸 배웠습니다. 저한테도 일종의 도전이었으니까요. 참, 새로 이전한 사무실 안 와보셨죠. 지난주에 사무실을 옮겼거든요. 좋은 자스민 차가 있습니다. 오셔서 한잔 하시죠?"

"물론입니다. 조만간 들리겠습니다."

인간의 일이 끝났다면 하늘의 뜻을 기다리라 했다. 그러나 하늘의 뜻은 마냥 기다리는 자에게는 결코 다가오지 않는다.

며칠 뒤 나는 약속대로 정 코치의 사무실을 찾았다. 사무실에 들어서자마자 환한 웃음을 머금고 정 코치에게 악수를 청했다.

"아이구, 이렇게 좋은 보금자리를 마련해놓으시곤 이제야 불러주시다니요."

"좀더 잘 꾸며놓고 맞이하고 싶어서요. 그나저나 기분이 좋아 보이십니다."

"음…… 사무실에서 좋은 향기가 나는데요?"

"그런가요? 그나저나 좋은 일이 있으신 것 같네요?"

"사실은 그렇습니다. 코치 일을 맡기로 했습니다. 코치님과 만나는 동안 많은 생각을 했습니다. 리더십 강의도 좋지만 그것을 구현하도록 지원하는 코칭이야말로 정말 큰 의미가 있다는 생각이 들었습니다. 그리고 여러 군데에서 요청도 들어왔고요. 그리고 저도, 그분들의 변화를 보면서 보람을 느꼈습니다. 정 코치님이 그러셨듯 말입니다."

강물은 홀로 흐르지 않는다. 계곡을 건너고 평야를 흐르면서 수많은 돌들을 둥글게 만든다. 상대를 변화시키는 순간, 나 역시 그로 인해 발전한다.

"하하, 그럼 이젠 코치님이라고 불러야 할 것 같은데요?"

"선조들께서는 이름을 지으실 때 각각의 의미를 부여하셨다고 하지요. 그 이름을 가진 아이가 훗날 그 의미를 깨달아 그에 걸맞은 인물이 되기를 바라면서 말입니다. 이제 저는 코치로서의 삶에 몰두하고 싶습니다. 그 분야에서 성공도 하고 싶고요. 그러니 이제 박 코치라고 불러주세요."

　정 코치는 조용히 나를 바라보다가 내게 악수를 청해왔
다.

　"좋습니다, 박 코치님. 항상 더불어 이뤄나가는 삶을 살
아가십시오."

코칭 어드바이스

스스로의 성공을 자축하라

1. 역경에 부딪쳤을 때, 그것을 피해 가지는 않았는가?

2. 하나의 목표를 이루어냈을 때, 스스로에게 온당한 대가를 지불했는

   가?

더불어 발전하라

1. 발전을 함께 나눌 수 있는 동료가 있는가?

2. 그 동료와 일치점을 가지고 있는가?

변화의 중심에서 누구나
참여할 수 있는 코칭 프로그램

◎ 한국코칭센터의 코칭 프로그램

1. 코칭 클리닉

코칭 클리닉은 전문코치가 되고자 하는 분들을 위한 입문과정이자, 임원, 팀리더, 매니저로부터 이제 막 슈퍼바이저가 된 분에 이르기까지 코칭 스킬을 크게 개선하고자 하는 리더들을 위한 프로그램이다.

2. 한국코칭센터는 어떤 회사인가?

■ 성공하는 사람들의 7가지 습관으로 알려진 '한국리더십센터' 산하에 있다.

■ 전 세계 No1. 전문 코치 양성기관인 미국 CoachU(CU) 및 Corporate Coach U(CCUI)의 한국라이센스로서 일대일 코칭과 매니저 코치 및 전문 코치 양성교육을 하고 있다.

3. 코칭 클리닉의 목표

■ 코칭 대화 모델과 코칭 스킬의 습득과 실행

■ 리더가 코치로 되는 데 필요한 패러다임 전환

■ 자신과 타인의 코칭 스타일 파악 및 스타일별 코칭 방법 습득

■ 자신의 역할에 코칭 스킬을 적용하기 위한 실행계획의 수립

4. 코칭 클리닉의 기대효과

■ 자발적인 혁신을 증진시키고 성과를 향상시킨다.

■ 조직 내의 핵심인재를 효과적으로 보유하고 성장시킨다.

■ 조직 내 커뮤니케이션 역량을 향상시킨다.

■ 지속적으로 자신의 잠재역량을 발휘하며 뛰어난 결과를 성취한다.

■ 다른 동료들이 그들 스스로 가치 있게 생각하도록 한다.

5. 코칭 클리닉의 특징

■ 전 세계 36개국, 유수기업에서 도입하고 있는 검증된 비즈니스 코칭
프로그램.

■ 국제코치연합(ICF, www.coachfederation.org)이 인증하는 비즈니
스 코칭 교육기관의 프로그램

■ 전문 코치/퍼실리테이터의 강의와 실습 및 피드백, 100% 참여가 있
는 워크숍

■ 워크숍 이후에도 재강화 및 현장 적용의 동기 부여가 될 수 있도록
두 번의 텔레클래스, 지속적인 코칭레터, 3개월 후 팔로우업 워크숍
등 지속적이고 강력한 프로세스를 제공

6. Module

코치되기/코칭대화모델/코칭스킬 I, II/개인별 스타일에 따른 코칭/조직
내에서의 코칭

7. 전문코치 양성과정(BCE : Business Coaching Essential)

현재 활동 중인 유수의 전문 코치들을 양성한 미국 CCU의 대표적인 전
문코치 양성과정인 BCE가 한국코칭센터를 통해 2004년 하반기부터 보
급 될 예정이며 이를 통해 코칭의 가장 최신의 체계적인 코칭 이론과 고
급 스킬을 익혀 코칭의 역량을 한층 강화시켜드릴 것입니다.

Module : 코칭의 맥락(Context for Coaching)/코칭 대화모델
(Conversation Model)/코칭 역량(Coaching Competencies)/코칭 언
어(Language of Coaching)/전문 코치의 기초(Professional
Foundations)

8. 문의

연락주시면 자세한 상담을 해 드립니다.

전화 : 02-2106-4053   팩스 : 02-2106-4001

홈페이지 : www.koreacoach.com

E-mail : joe@eklc.co.kr

성공을 위한 리더의 파트너

◎인코칭 프로그램

1. Coaching for You란

Coaching for You는 조직의 CEO, 임원, 핵심 리더뿐 아니라 매니저들로 하여금 21세기 리더십의 필수요소인 코칭 스킬을 익히고, 업무현장에서 코칭 어프로치를 즉시 활용할 수 있도록 만들어진 인코칭의 코칭 스킬 교육이다.

2. 인코칭은 어떤 회사인가?

- 인코칭은 개인과 조직의 잠재력을 발휘하는 데 아낌없는 지원을 하기 위해 설립된 국내 최초의 코칭 펌이다.
- 인코칭에서 제공하는 주요 프로그램에는 비즈니스 코칭과 코칭 스킬 교육이 있다.
- 코칭 솔루션으로는 CEO 코칭, 관리자 코칭, 전담 코칭 등의 다양한 비즈니스 코칭이 있고, 코칭 스킬 교육에는 'Coaching for You' CEO 과정, 매니저 과정이 있다.

3. Coaching for You 특징

- 국내 최초로 현장에서 코칭을 직접 경험한 전문 코치들이 만든 인코

칭 교육 프로그램이다.

■ 해외에 로열티를 지급하지 않는 자생적 프로그램으로 고객에 맞는 맞춤 교육이 가능한 국내 유일의 프로그램이다.

■ 참가자에게 객관적 시각을 갖게 하고, 스스로의 문제를 바라보며 해결책을 찾을 수 있도록 구성되어 있다.

■ 많은 비즈니스 코칭 경험이 있는 전문 코치로 구성된 강사진이 생생한 현장경험을 전달할 수 있다.

4. Coaching for You의 기대효과

Coaching for You를 통하여

■ 기존의 리더십 패러다임에서 코칭 패러다임으로 전환한다.

■ 자신과 팀의 잠재능력을 발휘할 수 있는 코칭 스킬을 익힌다.

■ 자신과 타인의 상호작용 스타일을 알고 이를 효과적으로 활용한다.

■ 코칭 어프로치를 활용할 수 있는 구체적인 실행계획을 수립한다.

Coaching for You에서 습득한 것을 업무 현장에 적용시켰을 때

■ 개인의 잠재 능력을 계발하여, 자신의 최고 능력과 적성을 발휘한다.

■ 조직의 핵심 멤버(인재)를 효과적으로 개발하고 보유한다.

■ 개인과 조직의 목표가 한 방향으로 정렬된다.

■ 개인과 조직의 성과 향상에 이른다.

5. Coaching for You의 내용

■ 코칭 패러다임

■ 코칭 스킬

■ 코칭 프로세스

■ ISP(Incoaching Style Profile)

■ 매니저 코치/리더코치

6. 문의

연락주시면 자세한 상담을 해드립니다.

전화 : 02-780-5464   팩스 : 02-780-5465

홈페이지 : www.incoaching.com

E-mail : support@incoaching.com

당신 안에 있는 위대한
선택

1판 1쇄 인쇄 · 2004년 5월 18일
1판 1쇄 발행 · 2004년 5월 24일

지은이 · 박창규, 홍의숙
발행인 · 이용길
발행처 · 도서출판 모아북스
독자서비스 · moabooks@hanmail.net
출판등록번호 · 제10-1857호(1999.11.15)
등록된 곳 · 경기도 고양시 일산구 백석동 1427-2
전화 · 0505-6279-784 | 팩스 · 031-902-5236
ⓒ박창규 · 홍의숙, 2004

ISBN 89-90539-13-7 03320

값 10,000원